民族之魂

平心容人

陈志宏◎编著

延边大学出版社

图书在版编目（CIP）数据

平心容人 / 陈志宏编著 . -- 延吉 : 延边大学出版社 , 2018.4（2023.3 重印）

（民族之魂 / 姜永凯主编）

ISBN 978-7-5688-4510-6

Ⅰ . ①平… Ⅱ . ①陈… Ⅲ . ①品德教育－中国－青少年读物 Ⅳ . ① D432.62

中国版本图书馆 CIP 数据核字（2018）第 069089 号

平心容人

———————————————————————————

编　　　著：陈志宏
丛 书 主 编：姜永凯
责 任 编 辑：王　静
封 面 设 计：映像视觉
出 版 发 行：延边大学出版社
社　　　址：吉林省延吉市公园路 977 号　　邮编：133002
网　　　址：http://www.ydcbs.com　　E-mail：ydcbs@ydcbs.com
电　　　话：0433-2732435　　　　　传真：0433-2732434
发行部电话：0433-2732442　　　　　传真：0433-2733056
印　　　刷：三河市同力彩印有限公司
开　　　本：640×920 毫米　　　　　1/16
印　　　张：8　　　　　　　　　　　字数：90 千字
版　　　次：2018 年 4 月第 1 版
印　　　次：2023 年 3 月第 2 次印刷
ISBN 978-7-5688-4510-6

———————————————————————————

定价：38.00 元

人有灵魂，国有国魂；一个民族，也有民族魂。

鲁迅先生曾经说过："唯有民魂是值得宝贵的，唯有他发扬起来，中国才有真进步。"

鲁迅先生以笔代戈，战斗一生，曾被誉为"民族魂"。

民族魂，顾名思义，就是一个民族的灵魂！民族魂，是一个民族的精髓，体现了一种民族的精神，是一个民族生存和存在的精神支柱。

什么是中华民族的民族魂？那就是中华民族精神！它是中华民族凝聚力的理念核心，是中华文明传承的基因。它包含热烈而坚定的爱国情感，对生活的美好愿望和追求，为目标努力奋斗的拼搏毅力，为正义事业不惜牺牲自己的精神，以及正确的人生观和价值观。

前 言

翻开浩瀚的中国历史长卷，我们可以看到数不胜数的，体现民族精神和民族魂的英雄人物和可歌可泣的感人故事。

民族魂，不仅体现在爱国主义精神和行动中，而且体现在各个领域自强不息的民族奋斗中。而中华民族精神的力量，更是深深植根于延绵几千年的传统文化之中，始终是维系中华各族人民共同生活的纽带，是支撑中华民族生存和发展的精神支柱，是不断推动中华民族前进的强大动力。

民族魂体现在"重大义，轻生死"的生死观中；民族魂体现在"国家兴亡，匹夫有责"的使命感中；民族魂体现在"我以我血荐轩辕"的大无畏精神中；民族魂体现在将国家利益置于最高的爱国情怀中！

　　纵观中华五千年文明史，曾经有多少杰出的政治家、军事家、思想家、文学家、科学家、艺术家；曾经有多少忧国忧民、鞠躬尽瘁的仁人志士；曾经有多少抗击外敌、英勇献身的民族英雄。他们或顺应历史潮流，积极改革弊政，励精图治，治国安邦，施利于民；或为人类进步而不断进行着农业、工业、科技、社会等各种创新；或开发和改造河山，不断创造着灿烂的中华文明；或英勇反击外来侵略，捍卫着国家主权和民族尊严；或坚决反对民族分裂，维护国家的统一……他们从不同的侧面，体现了中华民族的民族魂，谱写了几千年中华文明的壮丽诗篇，铸造了中华民族高尚而坚不可摧的"民族之魂"。

　　民族魂，就是爱国魂。从屈原在汨罗江边高唱的《离骚》，到文天祥大义凛然赴死前的"人生自古谁无死，留取丹心照汗青"的诗句；从岳飞的岳家军抗击入侵金兵，到郑成功收复台湾；从血雨腥风的鸦片战争，到硝烟弥漫的十四年抗战，再到抗美援朝的隆隆炮声……哪个为国捐躯的英雄不是可歌可泣的？

　　民族魂，就是奋斗魂。从勾践卧薪尝胆，到司马迁秉笔直书巨著《史记》；从鉴真东渡传播佛法终在第六次成功，到詹天佑自力更生建铁路；从袁隆平百次实验成为"水稻之父"，到屠呦呦的青蒿素获得诺贝尔奖……哪个不是历经艰难，最终取得成功？

　　民族魂，就是改革献身魂。从管仲改革到商鞅变法；从王安石变法到百日维新……哪次变法图强不是要冲破

民族之魂

旧势力的阻挠，或流血牺牲？

民族魂，就是创新魂。古有毕昇发明活字印刷，今有王选计算机照排；古有指南针、造纸术、火药、浑天仪、地动仪的发明，今有神舟号的相继飞天……哪个不是中华民族的智慧结晶？

自古以来，多少仁人志士为了维护人格的尊严和民族气节，以生命为代价！留下了"玉可碎不可污其白，竹可断不可毁其节"的称颂；有多少英雄豪杰，为理想和事业奋斗，面对死亡的威胁，大义凛然；有多少爱国壮士面对侵犯祖国的列强，挺身而出而献出生命。

伟大的中华民族孕育了五千年的辉煌，五千年的历史留下了璀璨的中华文明。

前 言

中国人的血脉流淌着顽强不屈的精神！我们的先辈用血汗和生命铸就了不朽的中华民族魂！换得如今中华大地的一片祥和安宁，换得我们现在的幸福生活。如今，我们要实现习近平主席提出的中国梦，依然需要我们秉承祖辈留下的这种"民族魂"。

青少年是国家的希望，亦是民族的未来。因此，爱国主义教育和励志图强教育要从青少年开始。为了增强对青少年的民族精魂和志向教育，我们精心编写了本套丛书——《民族之魂》丛书。

本套丛书将我国有史以来体现民族精神和民族魂的典型事迹，以通俗易懂的语言故事形式展现出来，适合青少年的阅读水平和欣赏角度。书中提供的人物和事件等故事，涉及社会的各个方面，有利于青少年学习和理解，使读者能全方位地领悟中华民族精神。

为了帮助读者更好地理解和吸收故事的精神，编者在每篇故事后还给出了"心灵感悟"，旨在使故事更能贴近现实社会，让读者结合自身的需要学习领会，引发读者更深入的思考。

希望读者们可以从本套图书中获得教益，通过阅读，真正体会到中华民族之魂所在，同时能汲取其精华，不断提升自己各方面的素质和品格，为祖国新时代的建设和发展做出努力。

全套丛书分类编排，内容详尽，风格独具，是广大读者尤其是青少年爱国励志教育的优秀阅读材料。相信本套丛书一定可以成为青少年朋友的良师益友。

民族之魂

　　平心容人是一种品行，也是中华民族的传统美德之一。荀子曾经说："君子贤而能容罢，知而能容愚，博而能容浅，粹而能容杂。"古往今来，凡成大业者必有过人的心胸，历史上有多少这样的经典事例：刘邦能容，汇聚汉初三杰，最终建立起了大汉王朝；刘备会容，有桃园三结义、三顾茅庐的佳话；唐太宗善容，说出"天下英雄尽入我彀中"的豪言。由此可见，能容是大智慧，会容是大本事，善容是大境界。

　　平心容人是一种修身养性的学问。它可以戒除忧烦急躁，抑制悔憎恨怨，平息对恣纠争，避免嫉妒猜疑，宽容舒展沉郁的思绪。懂得容人的人，也是有修养、高尚的人。德国哲学家康德说："生气是拿别人的错误惩罚自己。"

　　平心容人更是一种人际交往的技术。它可以润滑人与人之间的关系，消除隔阂，扫清顾忌，增进了解。宽容更是一种豁达的风范，对于人生，也许只有拥有一颗容人的心，才能更加坦荡地面对自己的人生。

　　容人是一种博大的胸怀，是一种崇高的美德。尊重别人就是尊重自己，容忍别人，才会给自己带来更加广阔的天空。法国著名作家维克多·雨果说过："世界上最宽阔的是海洋，比海洋更宽阔的是天空，比天空更宽阔的是人的胸怀。"在现实生活中，真正能做到宽容的人并不多。尤其涉及到切身利益的时候，有多少人因缺少容人之度量而为琐碎小事斤斤计较，轻则出言不逊、恶语相伤，重则大动干戈、拳脚相加，结果不仅是两败俱伤，有些人甚至锒铛入狱。在面对朋友间的误会、同事间的纠葛、邻里间的纷争、夫妻间的争吵时，有多少人因缺少容人之量而制造痛苦、徒伤感情，使正常生活陷入泥潭。在这种情况下，如果互相不容，就很容易引发家庭矛盾和同事间的争斗。不能原谅自己或他人所出现的失误与差错，就会给自己和他人增加心理上的压力，影响今后的正常生活和工作。因此，我们必须学会容人。

本书中，我们精心选编了一些体现"容人"精神的经典故事，希望读者通过阅读此书，更深刻地理解它的内涵意义，从中有所领悟并受到启迪。在日常生活和学习工作中，能够以他们为楷模，做到胸怀宽广，大度大量，品格高尚，团结友爱。

宽容是海纳百川，平心容人是厚德载物，只有放大自己的胸怀，才能装进整个世界。如果人人都能怀有一颗容人的心，世界将变得更加美好。

目录
CONTENTS

第一篇

为人大度显品德

齐桓公容人得良臣

齐桓公（？—前643），春秋时代齐国第十六位国君，公元前685—前643年在位。姜姓，吕氏，名小白。齐僖公的第三子、齐襄公的次弟，其母为卫国人。春秋五霸之首。齐襄公和公孙无知相继死于内乱后，小白与公子纠争位成功，即国君位为齐桓公。桓公任管仲为相，推行改革，实行军政合一、兵民合一的制度，齐国逐渐强盛。

公元前686年，齐国发生了一次内乱，国君齐襄公被杀。齐襄公有两个兄弟，一个是公子纠，当时正在鲁国；另一个是公子小白，当时正在莒国。两个人都有各自的谋士，公子纠的谋士是管仲，公子小白的谋士是鲍叔牙。两位公子听到齐襄公被杀的消息后，都急着回国继承君位。

鲁国国君鲁庄公决定亲自护送公子纠回国。管仲对鲁庄公说："公子小白现在在莒国，离齐国很近。要是他先回到齐国就麻烦了，我得先带一支人马去截杀他。"

果然不出管仲所料，当管仲出发时，公子小白正在莒国卫兵的护送下赶回齐国。路上，公子小白正好遇到了管仲。管仲拈弓搭箭向小白射去。小白大叫一声，倒了下去。

管仲自以为公子小白被射死了，这下不用担心了，便不慌不忙地护送公子纠回齐国。然而，管仲没想到，他射中的只是小白的带钩，小白大叫倒下，是他的计策。等管仲护送公子纠进入齐国的国境时，公子小白和鲍叔牙早已抄小路到了国都临淄，小白也已当上了齐国的国君，这就是齐桓公。

齐桓公即位后，决定拜鲍叔牙为相，同时照会鲁国，引渡管仲来齐治罪，以报当初的一箭之仇。然而鲍叔牙却认为，齐桓公想要称霸诸侯，就必须用管仲不可。对管仲不仅不能治罪，还应该请来为相。

齐桓公非常气愤，说："管仲当时拿箭射我，我与他有不共戴天之仇，岂能用他为相？"

鲍叔牙说："那时是各为其主，他拿箭射你，正是表明他对公子纠的忠心啊。主公如果要成就大事，何不将私仇旧怨一笔勾销呢？"

接着，鲍叔牙又诚恳地对桓公说："我有五点不如管仲：对人民宽厚仁爱，使他们能够丰衣足食，我不如他；治理国家能够维护国家尊严，不丧失国家主权，我不如他；团结人民，并使他们心悦诚服，我不如他；根据礼义原则制定政策，使所有的人都能共同遵守，我不如他；临阵指挥，使将士勇往直前，我不如他。因此，为了齐国的强盛，我宁愿做副相。"

齐桓公听鲍叔牙这样一说，茅塞顿开，连忙对鲍叔牙说："那就依您的意见，请管仲来齐国吧！"

为了欢迎管仲，齐桓公不仅用沐浴三次、洒香水三遍的隆重礼节，还亲自出城来到郊外迎接管仲。随即，齐桓公便任命管仲为正相，鲍叔牙为副相。在以后治理国家的大政方针上，齐桓公对管仲也是言听计从，毕恭毕敬，并亲切地称管仲为"仲父"。

管仲见齐桓公不计旧仇、宽厚待己，更是竭忠尽智，帮助齐桓公完善国家管理制度，对内重视发展经济，充盈国力；对外修睦诸侯，共御强敌。很快，齐国国势日强，齐桓公也成了诸侯国的盟主。

齐桓公能拜仇人为相，充分表现了他宽厚和大度的胸怀。孔子知道这件事后，十分佩服，他称赞桓公说："齐桓公尊重贤才。为了治理天下，竟能做到拜仇人为宰相，将国家大事托付给管仲，真是个了不起的人啊！"

▢故事感悟

齐桓公并非天生的圣人，开始他也十分仇恨差点杀死自己的管仲。但当他得知管仲是治国之才时，便接受了鲍叔牙的意见，拜仇人管仲为相。他的宽广胸怀也为他赢得了一位治国平天下的奇才，成就了辉煌的事业。

▢史海撷英

管仲举贤

当年，齐桓公不记一箭之仇，想要拜管仲为相，管仲便提出："建成大厦，决不能单凭一根木材；汇成大海，也决不能仅靠几条涓涓细流。君欲成就大业必须任用五杰——举动讲规范、进退合礼节、言辞刚柔相济，我不如隰朋，请任命他为大司行，负责外交；开荒建城、垦地蓄粮、增加人口，我不如宁戚，请任命他为大司田，掌管农业生产；在广阔的原野上使战车不乱、兵士不退，擂鼓指挥着将士视死如归，我不如王子城父，请任命他为大司马，统帅三军；能够断案合理公道、不杀无辜者、不诬无罪者，我不如宾胥无，请任命他为大司理，负责司法刑律；敢于犯颜直谏、不避死亡、不图富贵，我不如东郭牙，请任命他为大谏之臣，三管监察谏议。想要富国强兵有这五位就足够了，想要成就霸王之业，还要有我管仲在这里。"

齐桓公都一一听从了管仲的建议，令五人各掌其事，并正式拜管仲为相，组成了强有力的领导集团。后来的事实也证明，这个领导集团决策英明，深得百姓的拥护。

■ 文苑拾萃

管仲二首

（宋）陈造

棠潜俄正鲁封圻，施伯安翔稛载归。

尸授夷吾宁复此，君臣应愧始谋非。

平生勋业载成书，胁制诸侯只霸图。

盍继车攻奏嘉颂，迄今璧帛篚东都。

刘邦封雍齿定人心

张良（？—前186），字子房。汉初政治家、军事家。西汉开国元勋，史称"汉初三杰"之一。秦末农民战争中，聚众归刘邦，为其主要"智囊"。楚汉战争中，他提出不立六国后代，联结英布、彭越，重用韩信等策略，又主张追击项羽、歼灭楚军，为刘邦完成统一大业奠定了坚实的基础。刘邦称他"运筹帷幄之中，决胜千里之外"的这一名句，也随着张良的机智谋划、文韬武略而流传百世。汉朝建立时，他被封留侯，后功成身退、千古流芳。

刘邦在刚刚平定天下后，本想长期定都在洛阳，群臣也多持此见。

有一天，齐人娄敬求见刘邦，称关中的地势险要，劝刘邦应定都关中。听了这个提议后，刘邦一时也拿不定主意。而这时那些主张建都洛阳的大臣们，又纷纷陈说建都洛阳的好处。这些人大部分都是六国的旧人，眷恋故旧、乐土重迁，劝刘邦说："东都洛阳，绵延几百年。东有成皋，西有肴函渑池，背靠黄河，前临伊、雒二水，地理形势坚固易守。"

但是，唯独张良支持娄敬的主张。他说："洛阳虽有这些天然的险要，但它的腹地太小，方圆不过数百里；田地贫瘠，而且容易四面受敌，非用武治国之都；关中则左有崤函之险（即崤山与函谷关的合称，相当于今陕西潼关以东至河南新安县地），右有陇蜀丛山之隘，土地肥美，沃野千里；加上南面有巴蜀的富饶农产，北有可牧放牛马的大草原。既有北、西、南三面的险要可以固守，又可向东方控制诸侯。诸侯安定，则黄河、渭水可以开通漕运，运输天下的粮食，供给京师所需。如果诸侯有变，就可顺流东下以运送粮草，足以维持出征队伍的补给。这正是所谓金城千里，天府之国啊！还是娄敬的主张正确。"

张良的分析全面深刻，加上平时他又深得刘邦的信任，所以汉高祖刘邦当即决定定都关中。

汉高祖五年（公元前202年）八月，刘邦正式迁都长安（今陕西西安市西北）。

汉高祖六年（公元前201年），刘邦已经得到了天下，封了一批功臣，但还有很多功臣没有封。因为封功要盘算封一个什么样的爵位比较合适，这是一件很费脑子的事。刘邦不想再继续烦恼，便将封功臣的事放了下来。

有一天，刘邦正在宫殿里溜达，远远地看到一群人坐在地上嘀嘀咕咕、交头接耳。刘邦就问跟在自己身旁的张良："子房，那些人在说什么呢？"

张良说："陛下不知道啊，他们在商量谋反啊！"

"子房不要乱讲，天下刚刚安定，谋什么反啊？"刘邦很惊讶。

张良回答说："陛下不知道啊，得了天下以后，封了一批功臣，大多数都是你的亲信，像萧何这些人；还有一些以前得罪过你的人，都受了处分。现在这些功臣们都在想一个问题，说这个天下还有多少可以封赏的，是不是可以拿出来封赏的东西已经不多了？像我们这种和陛下关系不密切的，甚至以前得罪过陛下的，是不是就得不到封赏了？或者甚至于会被陛下找一个岔子，给弄回家去了呢？他们想来想去想不明白，所以在那儿商量谋反！"

刘邦立刻醒悟过来，知道这是一个很严重的问题，马上问张良解决的方法。

张良说："请陛下想一想，在这些功臣当中，有没有这样的人，他的功劳非常大，而他和陛下的关系又非常恶劣呢？"

刘邦马上想到了，在所有的功臣中，有一个名叫雍齿的人非常可恶，他曾一而再、再而三地侮辱过自己。刘邦早就想杀他了，可由于他的功劳太大，自己又于心不忍。

张良听后，马上请求刘邦马上封雍齿，以示群臣。刘邦欣然接受了这个建议，立即封雍齿为什邡侯。

雍齿被封，所有的功臣都安心了。大家都知道这个雍齿是皇上最讨厌的人，他都能封侯，其他的人自然就更没问题。

■故事感悟

这就叫不计前嫌。不计前嫌需要有宽广的心胸。很多人却做不到这一点，以致成不了大事，在竞争中给对手"射暗箭""使绊子"，斗来斗去，最终受害的还是自己。

■史海撷英

明修栈道 暗渡陈仓

汉元年（公元前206年）正月，项羽违背楚怀王"谁先攻入关中，谁就做关中王"的约定，把刘邦分封到偏僻荒凉的巴蜀，称为汉王。刘邦心中十分怨恨，想率兵攻打项羽，后经萧何、张良一再劝阻，这才决定暂且隐忍不发。

　　当时天下分封已定，张良便想离开刘邦回韩国去。刘邦赐张良金百镒、珠二斗，而张良却把金珠悉数转赠给项伯，使他再为汉王请求加封汉中地区。项伯见利忘义，立即前去说服项羽。这样，刘邦便建都南郑（今陕西南郑县东北），占据了秦岭以南的巴、蜀、汉中三郡之地。

　　同年七月，张良送刘邦到褒中（今陕西褒城）。这里群山环抱，沿途都是悬崖峭壁，只有栈道凌空高架，以渡行人，别无他途。张良观察了地势后，就建议刘邦等到汉军过完栈道后，便将这些入蜀的栈道全部烧毁，表示再无东顾之意，以消除项羽的猜忌，同时也可防备他人的袭击。这样，就可以乘机养精蓄锐、等待时机、再展宏图了。

　　刘邦听从了张良的建议，烧掉了沿途的栈道。张良此计可谓用心良苦，为刘邦的巩固发展和日后东进奠定了基础。

　　刘邦入汉中后，励精图治、积极休整。同年八月，刘邦用大将韩信的计谋，避开了雍王章邯的正面防御，乘机从故道"暗渡陈仓"（今陕西宝鸡），从侧面出其不意地打败了雍王章邯、塞王司马欣和翟王董翳，一举平定三秦，夺取了关中宝地。平定三秦后，刘邦倚据富饶、形胜的关中地区，便可与项羽逐鹿天下了。一个"明烧"，一个"暗渡"，张、韩携手，珠联璧合，成为历史上一段脍炙人口的佳话。

□ 文苑拾萃

张 良

（宋）王安石

汉业存亡俯仰中，留侯当此每从容。
固陵始议韩彭地，复道方图雍齿封。

班超宽容诽谤者

班超（32—102），字仲升。东汉著名的军事家和外交家。班超是著名史学家班彪的幼子，其长兄班固、妹妹班昭也是著名的史学家。班超为人有大志、不修细节，但内心孝敬恭谨、审察事理。他曾出使西域，为平定西域、促进民族融合做出了巨大贡献。死后葬于洛阳邙山。

东汉章帝建初八年（83年），章帝任命班超为将兵长吏、徐干为军司马，另派卫侯李邑护送乌孙使节。

李邑到了于阗国，正碰上龟兹进攻疏勒。由于胆小顾虑，李邑不敢继续向前进发，于是上书给皇帝，说平定西域是不可能成功的。同时又极力毁谤班超，说："班超整天围着妻子、抱着儿子，在外国享受安乐，根本没有顾及国内的心思。"

班超听到这番话之后，叹息地说："曾参有贤孝的名声，有人再三向他母亲说他杀人，曾母也信以为真。我不是曾参，恐怕这次要被朝廷怀疑了。"于是把妻子打发走了。

章帝深知班超忠于国家，就下诏书严厉地指责李邑说："班超整天围着心爱的妻子、抱着心爱的儿子，那盼望回国的1000多将士，为什么都能跟他同心协力呢？"

于是命令李邑到班超那里，接受他的调遣。诏书中还说："如果李邑在外胜任的话，就留下来共同办事。"

班超见到李邑后，就派他带着乌孙侍子返回京城洛阳。徐干对班超说："李邑上次毁谤你，想要破坏平定西域的事业，今天为什么不凭借诏书把他留下，另外派遣别的官吏护送侍子呢？"

班超说："正因为李邑毁谤过我，所以今天才派他去。自问没有亏心的事，何必怕人说三道四呢？如果幸灾乐祸地把他留下，那就不是一个忠臣所应当做的了。"

■故事感悟

班超是一位志存高远的奇才，为了国家大业，他宽心容人，不仅不计较李邑对自己的诽谤，反而正确任用李邑。他的胸怀和风度令人敬佩。

■史海撷英

不入虎穴，焉得虎子

东汉时候，班超跟随奉车都尉窦固与匈奴作战，建立了功劳。后来，他被派遣出使西域。班超首先来到了鄯善国，鄯善国国王早就听说过班超的功绩，因此对他十分敬重。

但一段时间后，国王对班超怠慢起来。于是，班超就召集同来的36人，说："鄯善国王最近对我们很冷淡，一定是北方匈奴也派人来笼络他，使他犹豫不知顺从哪一边。聪明人要在事情还没有萌芽的时候就发现它产生的原因，何况现在事情已经十分明显了。"

经过打听，事情果真如此。于是，班超又对随行的人员说："我们现在的处境十分危险，匈奴使者才来几天，鄯善国王就对我们这么冷淡。如果再过一些时候，鄯善国王就很可能把我们绑起来送给匈奴了。你们说，我们应该怎么办？"

当时，大家都坚决地表示愿意听从班超的主张，班超说："不入虎穴，焉得虎子？现在唯一的办法，就是今天夜里用火攻击匈奴来使，迅速把他们杀了。这样一来，鄯善国王才会真心诚意归顺汉朝。"

这天夜里，班超和36个随从冲入匈奴人的住所，奋力死战，用少数人力战胜了多数的匈奴人，达到了预期目的。

■文苑拾萃

班 超

（宋）邹浩

功名从古病难成，况作天西绝域行。
纵有平陵同落落，其如卫候尚营营。
杀妻吴起终遭逐，上疏鸿卿不免刑。
定远独能逢圣主，千年万岁蔼嘉声。

曹操宽容得贤才

张绣（？—207），武威祖厉（今甘肃靖远）人。东汉末年割据宛城的军阀，汉末群雄之一。

陈琳（？—217），字孔璋。广陵射阳（今江苏省扬州市宝应县射阳湖镇）人。东汉末年著名文学家，"建安七子"之一。

曹操生于乱世，以统一天下为己任，十分重视选拔人才。即使是那些跟自己有深仇大恨的人，只要真有才能、能为己所用，曹操也不计前嫌，予以重用。

197年春季，曹操军与地方豪强张绣发生战争，张绣不敌，率全军投降。曹操被张绣叔叔张济的遗孀所吸引，将她纳至身边，张绣很是恼火，不能忍受这种羞辱。而曹操对张绣的勇将胡车儿又特别喜爱，送给胡车儿很多金银财物。张绣得到消息，以为曹操要利用胡车儿消灭自己，惊疑恐惧。张绣秘密行动，向曹操军营发动了猛烈突袭，曹操长子曹昂以及一个侄子都被杀死。曹操被流箭射中，大败逃走。校尉典韦断后，与张绣死战。

曹操收集残兵败将，退回舞阴。张绣率军追击，曹操迎战，击破张绣军攻势。张绣回保穰城（今河南省邓州市），又归附了荆州牧刘表。

后来，曹操进攻张绣，把张绣所在的穰城团团围住。刘表援军抵达，驻屯安众、据守险要，切断了曹操退路。曹操腹背受敌，情势紧张，遂乘夜另行开凿险道，假装逃走，并在路上埋伏了军队。刘表和张绣率所有的部队追击，曹操军反扑，伏兵又起，步兵跟骑兵前后夹攻，大破刘表及张绣联军。

199年，张绣听从贾诩的建议，再次向曹操投降。张绣到达后，曹操丝毫不追究以前的事情，他牵着张绣的手一起参加宴会，让自己的儿子曹均娶了张绣的女儿，并封张绣为扬武将军。

200年，张绣参加了官渡之战，力战有功，升为破羌将军。205年，张绣跟随曹操在南皮击破袁谭，再次增加食邑，一共1000户。当时天下户口剧减，10户才留下一户，将领中封邑没有达到1000户的，唯独张绣特别多。

207年，张绣跟随曹操去柳城征讨乌桓，途中病死，被谥为定侯，儿子张泉继承了职位。

曹操与陈琳的故事也较为有名。在汉末动荡的形势下，陈琳避难至冀州，入袁绍幕。袁绍的军中文书多出自陈琳之手。后来，袁绍与曹操爆发了一场大战。战前，陈琳为袁绍出师写下了著名的《为袁绍檄豫州文》，文章从曹操的祖父骂起，一直骂到曹操本人，贬斥他是古今第一"贪残虐烈无道之臣"，语言极其恶毒。曹操让手下念这篇檄文时正犯头痛病，听到要紧处不禁厉声大叫，惊出一身冷汗，头竟然不疼了。

官渡一战，袁绍大败，陈琳为曹军俘获。曹操对那篇火力凶猛的檄文还耿耿于怀，便问陈琳："你骂我就骂我吧，为何要牵累我的祖宗三代呢？"陈琳的回答言简意赅："箭在弦上，不得不发耳！"曹操听了呵呵一笑，不再计较。曹操不仅不追究陈琳的罪过，还任命他为自己掌管文书。后来，曹操的许多文书都出自陈琳之手。曹操的宽宏大量使他又获得了一位人才。

■故事感悟

作为一代豪杰，曹操不仅要求别人不拘一格向他推荐贤才，自己也能以宽广的胸怀重用各种人才，甚至重用与自己有刻骨仇恨的人。他的眼光和心胸非常人可比，因而在他身边也形成了"猛将如云，谋士如雨"的局面。

■史海撷英

曹操远征乌桓

建安七年，袁绍病死，袁绍的两个儿子袁谭、袁尚互相不睦，发生火并。袁谭不敌袁尚，不得不向曹操乞降。

建安九年二月，曹操乘袁尚出兵攻打袁谭之机，进军围攻邺城。袁尚率军回救，依滏水（今滏阳河）为营，曹操进军，将其营寨包围。袁尚非常害怕，向曹操请降，曹操不许。袁尚乘夜逃跑，袁军溃散。袁尚逃奔中山（今河北定县）后，曹操便命人拿着缴获袁尚的印绶节钺招降了邺城守军。城中斗志瞬间崩溃，邺城很快就被曹操攻破了。

第二年正月，曹操又攻灭了袁谭。不久，袁尚、袁熙逃奔三郡乌桓。

建安十二年，曹操为肃清袁氏的残余势力，也为了彻底解决三郡乌桓入塞为害的问题，决定远征乌桓。

这年五月，曹操亲率大军到达无终（今天津蓟县）。当时正值雨季，道路积水，"浅不通车马，深不载舟船"。曹操根据无终人田畴的建议，改从一条久已断绝、但"尚有微径可寻"的路线进军。在田畴的引导下，曹操大军登徐无山（今河北玉田北）、出卢龙塞（今河北喜峰口附近），"堑山堙谷五百余里"，直指乌桓老巢柳城（今辽宁朝阳南）。

八月，曹操与乌桓两军相遇，当时曹军辎重在后，"被甲者少"；而敌军军势甚盛。但曹操登高瞭望后，发现敌军虽多，但阵势不整，便命大将张辽为前锋，乘敌阵稍动之机，向敌军发动猛攻。最终乌桓军大乱，曹军阵斩蹋顿，大获全胜，袁尚等人逃奔割据平州的公孙康。

这时，有人劝曹操乘势进击公孙康，曹操说："我有办法让公孙康斩了袁尚，不需要动兵。"于是率军还师。

不久，公孙康果然斩杀了袁尚等人，并将他们的首级献给曹操。诸将不明所以，曹操说："他们一向都畏惧袁尚，我急攻他们，他们就会联合起来；我缓下来，他们就会自相残杀，这是必然的。"于是，曹操攻破了三郡乌桓，也彻底肃清了袁氏势力。

■文苑拾萃

度关山

（东汉）曹操

天地间，人为贵。
立君牧民，为之轨则。
车辙马迹，经纬四极。
黜陟幽明，黎庶繁息。
于铄贤圣，总统邦域。
封建五爵，井田刑狱。
有燔丹书，无普赦赎。

皋陶甫侯，何有失职？
嗟哉后世，改制易律。
劳民为君，役赋其力。
舜漆食器，畔者十国，
不及唐尧，采椽不斫。
世叹伯夷，欲以厉俗。
侈恶之大，俭为共德。
许由推让，岂有讼曲？
兼爱尚同，疏者为戚。

石勒为君不记私怨

石勒（274—333），即后赵明帝，字世龙，原名匐勒。上党武乡
（今山西榆社北）人，羯族。十六国时期（西晋灭亡到北魏统一华北
时期，当时南方则为东晋时期）后赵建立者。319—333年在位，是
一位身为奴隶而当上皇帝的人。319年称赵王。

石勒是东晋十六国时期后赵的创建者。他小时候只是一个普通农
奴，为别人打长工度日。当时天下大乱，他为贫穷所迫，做了强盗，靠
打家劫舍为生。所谓乱世出英雄，后来他竟然收罗了十万大军，夺取
天下。

他虽然大字不识一个，却肯听人建议，任命一个叫张宾的人为军
师，对他的话言听计从。张宾也确是机智过人，为石勒出谋划策，从未
失算过。石勒虽然鲁莽，待人却极大度，网罗人才为己用，上下齐心合
力，一度统一了中国北方地区。

石勒做了后赵皇帝后，对过去的仇人也不报复，而是团结他们为国
家效力。

一次，他回到故乡和父老乡亲们把酒言欢，十分快活。酒席间谈及

旧事，忽然发现自己年轻时的邻居李阳不在，就问周围的人："李阳呢？
他可是一位好汉，怎么不见他来？"

原来，石勒在家时，和李阳住隔壁，他们俩为了争一块麻田，经常
互相斗殴。如今石勒做了皇帝，李阳想起往日曾和他结仇，怕得要死，
早躲起来了，哪里敢来？

石勒也知道他是为此担心，就笑着对乡亲们说："过去，我们俩因
为一块地，打了不少架。可那是做百姓时候的事儿了，如今我要取信于
天下人，哪会因为这去和一个人结怨呢？"

于是派人将李阳叫来。石勒和他举杯痛饮，拉着李阳的手笑着
说："我以前和你打架，每次都被你暴打一顿。可是，你也没少吃我
的亏呀！"

石勒特意赏赐了李阳一间房子，任命他做参军校尉。

■故事感悟

石勒能在乱世中成就一番事业，不仅由于自己杰出的才能，也得力于
对他人的宽容，不以个人恩怨埋没人才。他的雅量令人赞叹。

■史海撷英

石勒的治国之才

石勒出身低微，早年饱经忧患。但是，他极具军事才能，在政治上也
颇有识度，自比刘邦（即汉高祖刘邦）、刘秀（即汉光武帝刘秀）之间，
鄙视曹操、司马懿欺负孤儿寡妇以取天下的行为。

有一次，儒生读《汉书》给石勒听，当读到郦食其劝刘邦立六国后
人时，石勒大惊，说这样怎么能统一天下呢？当听到张良劝阻，才连忙说

"赖有此耳"。

石勒一直都以自己是个胡人为耻，甚至创造出来一个"国人"的称号给自己的族人命名。凡在他面前提"胡人"两个字的，都被他虐杀掉了。石勒的主要参谋张宾是个汉人，他在攻下冀州郡县堡壁后，搜罗"衣冠人物"，组成了"君子营"。后赵建国后，"典定士族"，区分士庶。

石勒选拔人才的办法，大致也是沿用九品中正制。而且，石勒从谏如流，对于臣下劝阻的事有时虽不同意，但也暂且停办，称这样是为了"成吾直臣之气也"。

■ 文苑拾萃

题石勒城二首

（唐）吕温

长驱到处积人头，大旆连营压上游。
建业乌栖何足问，慨然归去王中州。
天生杰异固难驯，应变摧枯若有神。
夷甫自能疑倚啸，忍将虚诞误时人。

郭子仪不计个人恩怨

郭子仪（697-781），又称郭令公，祖籍山西汾阳，唐代华州郑县（今陕西华县）人，唐代将领，平定安史之乱与诸多乱事，历事玄、肃、代、德四帝，封汾阳王。

唐朝时，朔方节度使安思顺属下有两位杰出的部将，一个叫郭子仪，一个叫李光弼。他们两人之间有些矛盾，路上相遇，总是互相回避；就是在一起时，也互不说话，各自都把私怨深深埋在心里。

唐天宝十四年（755年）冬，范阳节度使安禄山举兵叛乱。

为了平息叛乱，唐朝政府提拔郭子仪继任朔方节度使，统兵御敌。这样一来，李光弼就成了郭子仪的部将。郭子仪想到平时两人的关系，心里很不安。这时皇帝又传来旨意，命令郭子仪即日率部出征。

此时的李光弼也对自己的处境非常担心。他怕郭子仪会寻机报复，便硬着头皮主动向郭子仪认错，说："过去我不好，得罪了您。今后不管怎样处理我，我都不抱怨，只希望不要报复到我的老婆孩子身上。"

没等李光弼说完，郭子仪赶忙离开座位，跑了过去，紧紧拉住李光弼，满眼含泪地说："李将军，现在是什么时候，国家危急、百姓遭难，正需要我们一起去效力，特别需要你这样的人才，难道我们还能像过去那样鼠肚鸡肠，计较个人恩怨吗？"

说完，郭子仪把李光弼扶到座位上，边为他斟茶边说过去都是自己不好，并表示今后一定要不计个人恩怨，主动搞好团结、互相帮助。

看到郭子仪如此心怀坦荡，不计个人私怨，李光弼心里非常感动，当下就和郭子仪对拜了几拜，然后带兵请战。

从此，他们二人将帅协同，在平息叛乱中都立下了卓越的战功。

■**故事感悟**

郭子仪和李光弼均为盖世名将，他们虽有小矛盾，但在国难当头时，他们能以国事为重，以坦荡的胸怀尽弃前嫌，不计个人恩怨携手战斗，表现出了高度的爱国精神和宽广的胸怀。

■**史海撷英**

太原之战

至德二年（757年）春，在唐平定安史之乱的战争中，唐北都留守李光弼率领军民坚守太原（今太原西南），挫败了史思明等部的围攻，史称太原之战。

安禄山在遣兵攻陷潼关后，正围困史思明于博陵（今河北定州）的李光弼部便撤围向西进入井陉（今河北获鹿西南），还太原。史思明再度攻占常山（今河北正定），夺回了河北全境。

第二年正月，史思明自博陵、蔡希德自上党（今山西长治）、高秀岩自大同（今山西朔州东北马邑）、牛廷玠自范阳（今北京城西南）率兵共10万，会攻太原，企图夺取河东，进而长驱直取朔方、河西、陇右等地。

　　当时，李光弼所部的精兵都已调往朔方，太原所剩的只有5000多河北兵，加上团练（地方武装）之众，也不满万人。面对叛军的强大攻势，诸将都很恐慌。于是，李光弼就率领军民在城外挖掘壕沟，并做了几十万个土砖坯。等史思明的大军攻打太原时，他命令将士用土坯修筑营垒，哪里被损，就用土坯补上。史思明派人去山东取攻城器械，以蕃兵3000人护送，途中被李光弼遣兵拦击，并将其前部歼灭。

　　史思明围攻太原一个多月也没攻下，便选精锐士卒为游兵，让他们进攻城南，再转攻城西，自己则率兵攻城北，然后转攻城东，试图寻找唐军的防守漏洞。然而李光弼治军严整，警戒巡逻无丝毫懈怠，让史思明无懈可击。

　　随后，李光弼又派人挖掘地道，通至城外，叛军在城外常常冷不防被唐军拖入地道，拉至城上斩首，吓得叛军胆颤心惊。叛军用云梯和筑土山的方法攻城，唐军便在城下挖好地道，使其一靠近城墙便塌陷。

　　为阻止叛军强行攻城，李光弼还在城上安装了大炮（抛石器），发射巨石，一发就击毙叛军20余人，史军被迫后退。李光弼为了打破叛军的围困，便以诈降的手段与叛军约期出城投降，暗地则派人挖掘地道，直至叛军军营之下，并以撑木支顶。到约定当天，李光弼派部将率数千人出城伪降。叛军不知有诈，正在调动出营时，突然营中地陷，死千余人，顿时一片慌乱。唐军乘机擂鼓呐喊，猛烈冲击，歼灭叛军万余人。

　　正当太原之战紧张进行之时，安禄山却被其子安庆绪所杀。安庆绪夺取帝位后，便命史思明回守范阳，留蔡希德等人继续围困太原。二月，李光弼率军出击，大破蔡希德军。

郊庙歌辞·享太庙乐章·保大舞

（唐）郭子仪

于穆文考，圣神昭章。
肃勺群慝，含光远方。
万物茂遂，九夷宾王。
愔愔云韶，德音不忘。

章颖推荐"政敌"升迁

章颖（1141—1218），字茂献。临江军（今江西清江）人。历任太学博士、左司谏等。宋宁宗即位后，除任侍御史外，还兼侍讲。因为不与韩侂胄同流合污，被劾罢。韩侂胄死后，授集英殿修撰，累迁刑部侍郎兼侍讲，后迁礼部尚书，奉诏考订辨诬，从实上报。死后赠光禄大夫，谥文肃。

章颖在宋宁宗嘉泰年间，担任左司谏及兵部侍郎等职务。

当时有一位叫宇文挺臣的司谏，向皇帝告发章颖是谢子肃丞相的朋党。皇帝没有详察就将章颖降职处理，让他去当温陵的地方官。

后来，章颖入朝重新被任命为言官，遍历三院，成为权力中枢的关键执法大员。

恰在此时，宇文挺臣也入朝述职，因为过去对章颖的参奏，心存疑惧，不敢前去参拜执政大臣。

章颖知道后，立即上奏疏，说明以往官场的误会。事情已经过去，怎能为那些小事影响朝政大事？请皇帝召宇文挺臣，授以职务。

不久，宇文挺臣也担任了朝廷的重要职务。章颖与他同朝为官，相处得很融洽。

■故事感悟

对于曾经告发自己、使自己贬谪地方的"政敌"，章颖不仅不计较，反而劝皇帝重用对方。这种一心为公、宽容待人的行为颇有君子之风。

■史海撷英

韩侂胄崇岳贬秦

韩侂胄是一代名臣。他当政时所作的一件大事，就是崇岳飞、贬秦桧。

一直以来，对岳飞和秦桧两个历史人物的评价都是南宋战和两派官员争论的焦点。封建朝廷加给死者的谥号和封号，都是官方所作的评价，有时也是推行哪种政策的一种标志。孝宗初年，追复岳飞原官。1179年，为岳飞加谥号武穆。1204年，宁宗、韩侂胄又追封岳飞为鄂王，给予他政治上的极高地位，以支持抗战派将士。

秦桧死后，宋高宗加封他为申王，谥忠献。孝宗时，揭露了秦桧的奸恶，但还没有改变爵谥。1206年，宁宗、韩侂胄削去秦桧的王爵，并把谥号改为谬丑（荒谬、丑恶）。贬秦的致词说："一日纵敌，遂贻数世之忧。百年为墟，谁任诸人之责？"一时传诵，大快人心。

韩侂胄对秦桧的贬抑，其实也是对投降、妥协势力的沉重打击。崇岳贬秦的行为，也为南宋北上抗战做好了舆论准备。

吕光洵拜访打父人

吕光洵（1508—1580），浙江绍兴新昌人。字信卿。明代嘉靖十一年（1532年）进士。南京工部右侍郎，转北京工部右侍郎，又升任云南巡抚带兵部尚书衔，后被谗改任南京工部尚书。

明朝人吕光洵的父亲称霸于乡里，县令曹祥曾责打过他一顿。从此，吕光洵的父亲便改恶从善。

曹祥是太仓人，退休后居住在家。吕光洵当上御史后，在巡视太仓时专门去拜访曹祥。曹祥老人早已忘记了过去的事。

吕光洵在谈话中提到了曹祥责打他父亲的事，他说："如果不是您老先生，我父亲怎么能改过从善？因此我们很感激您的恩德。"

当晚，吕光洵留在曹家畅谈了一夜，临走时还给曹祥留下一份厚礼。

□故事感悟

吕光洵对县令惩戒自己父亲不以为怨、反以为德，不忘记也不隐讳过去的事，还能向责打自己父亲的人恳切地道谢，他的公允大度对他以后的仕途顺畅起到了决定性的作用。

■史海撷英

明朝南京六部

1421年，明成祖将都城迁到北京，但仍保留着南京的都城地位，并保留了一套中央机构。南京与京师一样，也设六部、都察院、通政司、五军都督府、翰林院、国子监等机构，官员的级别与京师也都一致。北京所在的府为顺天府，南京所在的府为应天府，合称为二京府。

南京有全套的政府机构，但基本上都是闲职，其中南京兵部尚书通常挂"参赞机务"衔，会同镇守太监和南京守备勋臣，共同管理着南京的全部事务。而且，这三个人中以南京兵部尚书为主，其余南京户部和都察院也有一定的职能。

■文苑拾萃

《明史》

《明史》是一部纪传体史书，也是二十四史中的最后一部。全书记载了从明太祖洪武元年（1368年）到明思宗崇祯十七年（1644年），共277年的明朝历史。

《明史》一共332卷，包括本纪24卷，志75卷，列传220卷，表13卷。其卷数在二十四史中仅次于《宋史》，但其修纂时间之久、用力之勤却大大超过了以前诸史。

《明史》修成之后，得到了后代史家的好评，认为它超越了宋、辽、金、元诸史。清史学家赵翼在《廿二史札记》卷31中说："近代诸史自欧阳公《五代史》外，《辽史》简略，《宋史》繁芜，《元史》草率，惟《金史》行文雅洁，叙事简括，稍为可观，然未有如《明史》之完善者。"

第二篇
能忍能屈成大业

勾践卧薪尝胆成大业

勾践（？—前464），春秋时代后期的越国君主。有关他的先世，有说"其先禹之苗裔"，亦有说"先世无所考"，也有说他是"祝融之后"并且是楚国的芈姓，众说纷纭。父亲是越侯允常。生年不详，公元前496年至前464年在位。

吴王阖闾打败楚国后，成为南方的霸主。

一直以来，吴国都与附近的越国（都城在今浙江绍兴）不和。公元前496年，越王勾践即位，吴王便趁越国刚刚遭遇丧事之机，发兵攻打越国。吴越两国在檇李发生了一场大战。

吴王阖闾满以为自己可以打胜仗，没想到却打了个败仗，自己又中箭受了重伤，再加上上了年纪，回到吴国不久病亡。

吴王阖闾逝后，其子夫差即位。阖闾临终时对夫差说："不要忘记报越国的仇。"夫差记住这个嘱咐，让人经常提醒自己。经过宫门时，他手下的人就扯开了嗓子喊："夫差！你忘了越王杀你父亲的仇吗？"

夫差流着眼泪说："不，不敢忘。"

夫差还命令伍子胥和大臣伯嚭操练兵马，准备攻打越国。两年后，吴王夫差亲自率领大军攻打越国。当时，越国有两位很能干的大夫，一个是文种，一个是范蠡。范蠡对越王勾践说："吴国练兵快三年了，这一次是决心要报仇的，所以来势凶猛。咱们不如守住城，不要跟他们作战。"

勾践不同意，发兵与吴国军队拼个死活。两国军队在太湖一带交战，越军果然大败。越王勾践带了5000名残兵败将逃到会稽，被吴军围困住。勾践后悔地对范蠡说："我真后悔没有听你的话，弄到这步田地，现在该怎么办呢？"

范蠡说："咱们赶快去求和吧。"

于是，勾践就派文种到吴王营里去求和。文种在吴王夫差面前把勾践愿意投降的意思说了，吴王夫差想同意，可是伍子胥却坚决反对。

文种回去后，打听到吴国的伯嚭是个贪财好色的小人，就把一批美女和珍宝私下送给伯嚭，请伯嚭在夫差面前讲好话。经过伯嚭在夫差面前的一番劝说，吴王夫差不顾伍子胥的反对，答应了越国的求和，条件是要勾践亲自到吴国做人质。

文种回去向勾践报告后，勾践就将国家大事托付给文种，自己带着夫人和范蠡来到吴国。

勾践到了吴国后，夫差让勾践夫妇俩住在阖闾的大坟旁边一间石屋里，叫勾践给他喂马。范蠡则跟着做奴仆的工作。夫差每次坐车出去，都让勾践给他牵马。

有一次，夫差生病勾践毛遂自荐给夫差治病，但夫差不让勾践接近他，勾践只能以尝夫差的粪便的方式来给夫差治病。果然，夫差的病被勾践治好了。这样过了两年，夫差认为勾践已经真心归顺他了，就放勾践回国。

勾践回到越国后，立志报仇雪耻。他唯恐眼前的安逸消磨了自己的志气，因此在吃饭的地方挂了一个苦胆，每次吃饭时，都要先尝尝苦味，并问自己："你忘了会稽的耻辱吗？"他还把席子撤去，用柴草当作褥子。这就是后来人传诵的"卧薪尝胆"。

勾践决定要让越国富强起来，为此他亲自参加耕种，让夫人织布，鼓励生产。由于越国曾遭到亡国的灾难，故而人口大大减少，勾践就订出奖励生育的制度。他让文种管理国家大事，让范蠡训练人马，自己则虚心听从别人的意见，救济贫苦的百姓。全国的老百姓齐心协力，使国家成为强国。

■故事感悟

勾践不愧为天下第一忍君！这个故事也告诉我们：小不忍则乱大谋。成大事者，应该忍受得住眼前的屈辱，敢于和命运抗争。在大事业之前的小事若无法忍受，将无法成就伟大的理想。

■史海撷英

范蠡疏财

在范蠡的帮助下，越王勾践卧薪尝胆多年，终于战胜了吴国。然而范蠡却认为，在有功于越王的情况下，自己是难以久居的，"飞鸟尽，良弓藏；狡兔死，走狗烹"。他深知勾践为人"长颈鸟喙"，可与之共患难，难与之同安乐，于是，与西施一起泛舟齐国，更姓名为鸱夷子皮，带儿子和门徒在海边结庐而居，戮力垦荒耕作，兼营副业并经商，没有几年，就积累了数千万家产。他仗义疏财，施善乡梓。

范蠡的贤明能干也被齐人所赏识，齐王请范蠡到国都临淄，拜他为主持政务的相国。范蠡感叹："居官致于卿相，治家能致千金。对于一个白手起家的布衣来讲，已经到了极点。久受尊名，恐怕不是吉祥的征兆。"于是，他在齐国只参政三年，便再次急流勇退，向齐王归还了相印，散尽家财给知交和老乡，自己又离去隐居了。

■文苑拾萃

陶朱公生意经

（春秋）范蠡

生意要勤快，懒惰百事废。
用度要节俭，奢华钱财竭。
价格要证明，含糊争执多。
赊欠要证人，滥欠血本亏。
货物要面验，滥入质价减。
出入要谦慎，潦草错误多。
用人要方正，歪斜托付难。
优劣要细分，混淆耗用大。
货物要修正，散漫查点难。
期限要约定，马虎失信用。
买卖要随时，拖延失良机。
钱财要明慎，糊涂弊端生。
临事要尽责，委托受害大。
账目要稽查，懈怠资本滞。
接纳要谦和，暴躁交易少。
主心要宁静，妄动误事多。
说话要规矩，浮躁失事多。
工作要精细，粗糙出劣品。

韩信封辱己之人为官

韩信（？—前196），古淮阴（今江苏省淮安市）人。西汉开国功臣，齐王、楚王、上大将军，后贬为淮阴侯。中国历史上伟大的军事家、战略家、战术家、统帅和军事理论家。中国军事思想"谋战"派代表人物，被后人奉为兵仙、神帅，"王侯将相"韩信一人全任。"国士无双""功高无二，略不世出"是楚汉之时人们对其的评价。

韩信是西汉诸侯王。在他还没得志时，家里很贫穷，自己也没有什么可以称道的德行，又不会做买卖，生活无以为济。因此，常常靠别人接济糊口，人们都很讨厌他。

有一天，韩信到城北的淮水河边去钓鱼，一位漂洗丝棉的大妈见他饿得可怜，就分一些饭给他吃，韩信对她说："我日后一定要重重报答您！"

大妈生气地说："大丈夫不能养活自己，我可怜你，所以才给你饭吃，难道是希望你的报答吗？"

又一次，淮阳一个屠户欺侮韩信说："你虽然身材高大，喜欢佩刀带剑，但心里却是胆怯的。"

一人当着大家的面侮辱他说："韩信，你若不怕死，就用佩刀捅了我；你若怕死，就从我裤裆底下钻过去。"

韩信看了看他，就弯腰往他裤裆下钻，街上的人们都讥笑韩信。

汉王五年（公元前202年），韩信被封为楚王，都城在下邳。

韩信一到自己的封国，就去找当年给他饭吃的漂母，送给她千金，又任命那位曾侮辱自己的人为巡城捕盗的官吏。

韩信对他部下说："这是位壮士。当他侮辱我的时候，难道我不能杀他吗？不是的，因为杀他没有什么道理，所以当时我就忍下了，才有了今天这样的成就。"

□故事感悟

都说"进一步乌云笼罩，退一步海阔天空"，当然，宽容不是无能，不是无理，而是一种宽广胸怀的体现，更是人生最美好的品德。当我们遇到不顺心的事时，不妨想想韩信，他才是真正的宽容的榜样，是能屈能伸的大丈夫。

□史海撷英

背水一战

汉高祖三年（公元前204年）十月，韩信率领一万名新招募的汉军越过太行山，向东攻打项羽的附属国赵国。赵王和大将陈余集中了20万的兵力，占据了太行山以东的咽喉要地井陉口，准备迎战韩信。井陉口以西有一条长约百里的狭道，两边是山，道路狭窄，是韩信的必经之地。赵军谋士李左车献计认为：正面死守不战，派兵绕到后面切断韩信的粮道，把韩信困死在井陉狭道中。然而陈余不听，骄傲地说："韩信只有几千人而已，千里袭远，如果我们避而不击，不是让诸侯看笑话吗？"

韩信探知赵军的情况后，迅速率汉军进入井陉狭道，在离井陉口30里的地方扎下营来。半夜，韩信派两千轻骑，每人带着一面汉军的旗帜，从小道迂回到赵军大营的后方埋伏。韩信告诫士兵说："在交战时，赵军见我军败逃，一定会倾巢出动追赶我军，你们火速冲进赵军的营垒，拔掉赵军的旗帜，竖起汉军的红旗。"其余汉军休息片刻后马上向井陉口进发。到了井陉口，大队渡过挠蔓水，背水列下阵势。高处的赵军远远看到了，都笑话韩信。

天亮后，韩信设置起大将的旗帜和仪仗，率众开出井陉口。陈余率轻骑精锐蜂拥而出，要生擒韩信。韩信假装抛旗弃鼓，逃回河边的阵地。陈余便下令赵军全营出击，直逼汉军阵地。汉军因无路可退，个个奋勇争先。双方厮杀半日，赵军无法获胜。

这时，赵军想要退回营垒，却发现自己的大营里全部都是汉军的旗帜了，队伍立时大乱。韩信乘势反击，赵军大败，陈余战死，赵王被俘。

■文苑拾萃

中吕·卖花声·客况

（元）张可久

十年落魄江滨客，几度雷轰荐福碑。
男儿未遇暗伤怀，忆淮阴年少。
灭楚为帅，气昂昂汉坛三拜。

崔暹平心容人

崔暹（？—559年），字季伦，博陵安平（今河北省安平县）人。南北朝时期北魏到北齐时期大臣，汉代尚书崔寔的后代，冀州主簿崔穆之子。

北朝北齐时代，崔暹官拜左丞相，很受皇帝世宗（高澄）的器重和礼遇。

崔暹善荐举人才。他向世宗推荐邢邵担任丞相府的幕僚，并兼管机密政务。世宗因崔暹之推荐，遂征召邢邵。邢邵果然甚得世宗的信赖与器重。

邢邵因为兼管机密政务，所以有机会接近世宗。在言谈之时，邢邵常常贬低崔暹，以致引起世宗不悦。

有一次，世宗告诉崔暹："你总是说邢邵的长处，而邢邵却专说你的短处，你简直是个痴呆！"

崔暹大度地说："邢邵述说我的短处，我述说邢邵的长处，两人述说的都是真实的事情，这没有什么不对啊！"

■故事感悟

崔暹平心容人，严于律己，他不仅肯定别人的长处，包容别人的缺失，而且坦然面对自己的缺失，这是何等宽宏的气度！古语说："有容乃大，无欲则刚"，包容是一种非凡的气度，是一种宽广的胸怀，是一种充满仁爱的无私境界，是我们中华民族的传统美德，更是做人应有的高贵品质。

■文苑拾萃

《忍一时风平浪静》节选

佚 名

我们在工作和生活中，经常见到同事之间、邻里之间、夫妻之间，为了芝麻绿豆大的小事，引起争端，以致恶言相向，大打出手，拳脚交加，甚至诉至法庭，最后是两败俱伤。旁观者都会为之惋惜，感到这样做太不值当了。其实，只要当事人冷静下来，理智地对待，事后就会感到很后悔。是啊，有一点宽容精神，忍让一点，再大的事也会化干戈为玉帛。

"退一步海阔天空，让三分心平气和。"忍让，并非是窝囊，而是一种宽容精神，是人们不可缺少的美德。忍让可以使人与人之间友好相处，和谐发展。有些人之所以缺乏忍让精神，就是错把忍让当窝囊，怕时间长了成了任人随意捏的"软柿子"，因而是得理不让人，无理争三分。其实，"海纳百川，有容乃大"，能忍让时则忍让，以宽容之心对待他人，显示了一个人的思想修养和道德情操。

忍让，是一种虚怀若谷的雍容大度，是一种丰满圆润的心理状态。同时也是一个人智慧的顶峰，是阅尽人间沧桑的一种成熟。有这种心态，能使自己在身陷逆境时，泰然处之；在一帆风顺时，对恭维、掌声、鲜花报以淡淡的微笑。有这种心态，就能淡泊宁静，不骄不躁，毁誉无碍，淡定从容，使自己的灵魂散发出幽雅的香气。

李靖被误不辩解

李靖（571—649），字药师，一说原名药师。汉族。雍州三原
（今陕西三原县东北）人。出生于官宦之家，唐初杰出的军事将领、
军事理论家。李靖先任长安县功曹，后历任殿内直长、驾部员外郎，
其才干闻名于隋朝公卿之中，吏部尚书牛弘称赞他有"王佐之才"，
隋朝大军事家、左仆射杨素也抚着坐床对他说："卿终当坐此！"

唐太宗时，李靖历任兵部尚书、尚书右仆射等职，被誉为"出将入
相"的全才。

在灭东突厥的战争中，李靖立下赫赫战功，但御史大夫萧瑀却上奏
唐太宗，弹劾他"持军无律，纵士大掠，散失奇宝。"

唐太宗召见李靖，并对他大加斥责。李靖听后，丝毫也不辩解，表
现出非凡的大度，向太宗叩头谢恩退下。过了一段时间，唐太宗明白自
己是轻信谗言，冤枉了李靖，深感内疚，对李靖"加赐帛2000匹，迁
尚书右仆射"。

李靖每次参与讨论政事，都谨慎寡言，表现得十分仁慈、宽厚。

贞观八年（634年），李靖因腿疾，要辞去宰相职务，唐太宗对此十

分感动，说："自古以来，富贵者不再追求高官厚禄的太少了。李靖虽然有病，但精力仍很充沛。现在他顾全大局，主动要求引退，实在令人感动，值得嘉奖。应该成全李靖，接受他的请求，使之成为一代楷模。"

除保持原有的待遇之外，唐太宗还特请李靖病情稍好后，每隔两三日到政事堂参加宰相会议，共同议政，并加赐灵寿杖。

■故事感悟

在工作和日常生活中，被人误解是经常的，这时有人往往会控制不住自己的情绪，一时冲动，与之争吵，甚至大动干戈。如果先忍一忍，待矛盾缓和以后再本着互谅互让的原则去解决，就会出现截然不同的结果。

■史海撷英

李渊收李靖

大业（605—616年）末年，李靖任马邑郡（治今山西朔县东）丞。这时，反隋暴政的农民斗争已风起云涌，河北的窦建德，河南的翟让、李密，江淮的杜伏威、辅公祏等领导的三支主力军，以摧枯拉朽之势，涤荡着隋朝的腐朽统治。身为隋朝太原留守的李渊也暗中招兵买马，伺机而动。李靖察觉到了李渊的这一动机，便前往江都，准备告发此事。但当到了京城长安时，关中已大乱，因道路阻塞而未能成行。

不久，李渊在太原起兵，并迅速攻占了长安，俘获了李靖。李靖满腹经纶，壮志未酬，在将要被斩时，大声疾呼："公起义兵，本为天下除暴乱，不欲就大事，而以私怨斩壮士乎！"李渊很欣赏他的言谈举动，李世民也爱慕他的才识和勇气，因而将他释放。不久，李靖便被李世民召入幕府，充做三卫。

李靖故居

　　李靖故居位于陕西省三原县城北 5 公里的鲁桥镇东里堡村。据记载，这里的部分园林建于明弘治辛酉年（1501 年），清咸丰、同治、光绪年间都经过修葺。清末回民起义时，此园被烧毁过半，和尚明经质慧重修，后来辗转归于东里堡刘氏。刘氏后裔刘季昭又对故居进行了重新修葺，园主人将其定名为"半耕园"，意在敦促子孙修竹务花，"半耕半读"，并由清代著名书法家陕西督学吴大微篆书"半耕园"三字，刻石嵌于园门，使该园成为渭北驰名的古园林。

　　1918 年，园主人家业衰败，便将此园卖给了靖国军，于是改名为"靖国公园"。靖国军司令部就设在这里，靖国军的总司令于右任为园林大门题联"天地有正气，园林无俗情"，门额为"靖国公园"。

　　1930 年，杨虎城主持陕政时，曾拨款修葺了该园，并在这里居住了一段时间，因此该园又名为杨虎城花园。

　　李靖故居占地面积约 48 亩，园内主要建筑有读书堂、妙香亭、观稼楼、挂云楼、溢清阁、八角亭、假山、鱼池、石舫、莲花池、关中八景缩影等，而且布局合理，风格别致，取苏杭园林之奇巧，兼具了中国古代园林"南秀北雄"的特点。亭台楼阁，奇花异草，翠竹成林，假山蜿蜒，将整座园林点缀得异常美丽。

张嘉贞替诬告人减罪

张嘉贞（666—729），唐蒲州猗氏（今山西临猗）人。历仕武则天、唐睿宗、中宗和玄宗四朝，官至中书令，累封河东侯，是唐朝颇有影响的大臣。

唐开元初年（713年），突厥属下的九姓胡族新来降附，这些人都散居在太原以北，张嘉贞奏请驻军加以震慑，因此朝廷在并州始创"天兵军"，并任命他为"大使"。

开元六年（718年）春，张嘉贞奉命入朝。

不久，有人告发他在统领天兵军时奢侈放纵，还有贪赃、贿赂等重大罪行，于是御史大夫王晙上奏予以弹劾，经过审查验证皆属不实之辞，玄宗判处告发者反坐之罪。

然而，张嘉贞却上奏道："古时，天子在朝廷执政，盲者诵诗劝谏，百官进谏，百姓讽谏，而后天子再针对各种谏言加以决断。现在对诬告者处以反坐重罪，这是阻塞言路的做法，将会使国情民意无从上达。为此，期望陛下赦免此罪，以使进谏之路广开。"

玄宗依从了他的话，于是下令对告发者减刑。

■故事感悟

忍耐需要修养，忍辱需要度量，而忍辱负重则是一种境界。忍，乃是心头一把锋利的刀，要培养刀捅心头而不惊的气度，就要能忍。司马迁如果不能忍受宫刑之侮，怎么完成"究天人之际，通古今之变，成一家之言"的伟大著作《史记》而流芳千古呢？

■史海撷英

张嘉贞再仕

武则天垂拱元年（685年），张嘉贞中明经举，初补授平乡（今河北南部、滏阳河流域）县尉。不久，由于受案件牵连，张嘉贞被贬官回乡。

武则天长安年间（701—705年），侍御史张循宪为采访使巡查河东（今山西永济县西南蒲州镇），遇到了一件棘手的事，难于断决，便向当地官吏征询贤才。当地的官吏将张嘉贞推荐给他。张循宪当即召见张嘉贞，并将自己的难处向他讲了。张嘉贞听后，不仅对事情进行了透彻的分析，还提出了得当的解决方法，这完全出乎张循宪的意料。

张循宪回朝后，便向武则天推荐了张嘉贞。武则天特在内殿召见了张嘉贞。张嘉贞形伟貌秀，举止大方，侃侃而谈，颇得武则天的好感。不久，即拜张嘉贞为监察御史。张循宪也因举荐人才有功而被提升为司勋郎中。

监察任后，张嘉贞便迁兵部员外郎。当时，兵部待处理的请功状很多，对此，他经过认真考虑，都做了妥当的处理，不到10天，滞留的文书都处理完毕。兵部任后，张嘉贞任中书舍人，又出任梁、秦二州都督，及并州长史等职。在这些任期内，张嘉贞都为政严肃，属吏也都奉职守法。

奉和圣制送张说巡边

（唐）张嘉贞

天锡我宗盟，元戎付夏卿。
多才兼将相，必勇独横行。
经纬称人杰，文章作代英。
山川看是阵，草木想为兵。
不待河冰合，犹防塞月明。
有谋当系丑，无战且绥氓。
阃外传三略，云中冀一平。
感恩同义激，怅别屡魂惊。
直视前旌掣，遥闻后骑鸣。
还期方定日，复此出郊迎。

仁义胡同的由来

董笃行（生卒年不详），字天因，一字天则。洛阳老城西南隅人。顺治二年（1645年）会试考中贡士；顺治三年又中进士，当年被选拔为翰林院庶吉士；以后又被提拔为左副都御史，成为执掌弹劾百官及谏言朝政得失的官吏。他笃行一生洁身自好，严于律己，待人诚实敦厚，豁达大度，且乐助平民百姓。洛阳一带流传有不少关于他的佳话传说。

清朝初年，河南洛阳人董笃行在京城做官。

有一天，董笃行接到了一封家信，说家里在盖房时，为了一块地基而与邻居发生了争吵，希望他能借权势来出面解决此事。

董笃行看后，马上修书一封，道：

千里捎书只为墙，不禁使我笑断肠；

你仁我义结近邻，让出两尺又何妨。

家人收到这封信后，觉得董笃行说得很有道理，便主动在建房时让出几尺。

而邻居见董家这样做，也感到很惭愧，因此也主动让出了几尺地。结果，两家共让出八尺宽的地方。房子盖成后，两家之间就有了一条胡同，世称"仁义胡同"。

同样的故事在不久后又上演了一遍。

据《桐城县志》记载，清代康熙年间，文华殿大学士兼礼部尚书张英的老家人与邻居吴家在宅基的问题上也发生了争执。两家大院的宅地都是祖上的产业，时间久远，本来就是一笔糊涂账。但是，想占便宜的人是不怕算糊涂账的，而是过分相信自己的铁算盘。因此，两家争执顿起，谁也不肯相让一丝一毫。

由于牵涉到官员大人，官府和旁人都不愿沾惹是非，所以纠纷也是越闹越大，张家人只好把这件事告诉张英。

家人飞书京城，让张英打招呼"摆平"吴家。张英大人阅读完来信后，只是释然一笑，旁边的人都面面相觑，莫名其妙。

只见张英大人挥起大笔，一首诗一挥而就。诗曰：

> 一纸书来只为墙，让他三尺又何妨。
>
> 万里长城今犹在，不见当年秦始皇。

写完后，张大人将其交给来人，命快速带回老家。

家里人一见书信回来，喜不自禁，以为张英一定有一个强硬的办法，或者有一条锦囊妙计。然而家人打开回信一看，写的却是一首打油诗，败兴得很。

后来一合计，确实也只有"让"这唯一的办法，房地产是很可贵的家产，但争之不来，不如让三尺看看，于是立即动员将垣墙拆让三尺。

大家都交口称赞张英和他的家人的旷达态度。大学士一家的忍让行为，也感动了邻居一家人，于是邻居全家也都一致同意，把自己的围墙也向后退三尺。

两家人的争端很快就平息了，两家之间也空出了一条巷子，有六尺宽，有张家的一半，也有吴家的一半，"六尺巷"由此而来。

■故事感悟

两个故事虽发生在不同的年代，但两位主人翁的品格和风度是如此相似。二人身为朝廷重臣，不仅没有仗势欺人、作威作福，反而努力做到宽以待人、包容他人，实在是难能可贵，令人赞叹不已。

■史海撷英

张廷玉勤政

张廷玉是清康雍乾时期的大学士、军机大臣，兼管户部、吏部、翰林院，又担任着国史馆和其他好几个修书馆的总裁官，职务繁多，工作也很忙碌。

张廷玉说，雍正帝在位期间，经常召见他，一天要召见两三次，习以为常。西北用兵以后，"遵奉密谕，筹画经理，羽书四出，刻不容缓"。每次从内廷出来，到朝房办公，属吏请求指示和批阅文件的常常达几十上百人。张廷玉就经常坐在轿中批览文书，处决事务。傍晚回到家中，仍然"燃双烛以完本日未竟之事，并办次日应办之事，盛暑之夜亦必至二鼓始就寝，或从枕上思及某事某稿未妥，即披衣起，亲自改正，于黎明时付书记缮录以进。"雍正帝也说，张廷玉和鄂尔泰二人"办理事务甚多，自朝至夕，无片刻之暇"。

平陵宜山堂诗

（清）张英

我闻宜山堂，结构平陵阳。
群公争赋诗，佳咏皆琅琅。
何处最宜山，奇峰出短墙。
石屋一片云，黛色映篔筜。
隔帘见幽壑，入户飞层冈。
枯藤与古木，掩映多奇光。
峰影落清泉，水面还苍苍。
何时最宜山，山静觉昼长。
朝霞与夕烟，树色分微茫。
春明山翠浓，夏雨山风凉。
明月出远岫，秋峰群相望。
何人最宜山，先生称古狂。
芒鞋笻竹杖，荷衣薜荔裳。
看山无朝暮，一卷或一觞。
手招西爽来，披襟从徜徉。
斯景与斯人，是名宜山堂。

第三篇
知人善用不计过

齐宣王容忍颜斶"冒犯"

齐宣王田辟彊（？—前301），战国时齐国国君，齐威王之子，妫姓。公元前320年为田氏齐国第五代国君，公元前320—前301年在位。

有一天，齐宣王召见颜斶，说："颜斶你上前来！"

颜斶就对齐宣王说："君王，你到前面来！"

齐王听了这句话很不高兴，左右的大人也都警告颜斶说："齐王身为君主，你是人臣。君王可以对你说'你到前面来'，但你却不能对君王这么说！"

颜斶回答说："我到君王面前来，有贪慕权势的嫌疑；而君王到我前面来，却是表示谦恭下士。与其让我贪慕权势，不如让大王谦慕下士。"

齐宣王一听，声色俱厉地问："君王尊贵呢？还是士人尊贵呢？"

颜斶答："当然是士人尊贵。从前，秦国攻打齐国，秦王下令说：'有能得齐王头者，封万户侯，赏千金；有敢去柳下惠墓五十步内砍柴者，死不赦。'由此看来，君主之头反而不如死士的坟墓了。"齐宣王听完，默然不乐。

颜阘又说："《易》云：'身居高位却不能修身养性，只喜欢标榜虚名的人，必然骄傲奢侈。如果骄傲、怠慢、蛮横、奢侈，凶祸必然降临。'可见缺乏修养徒好虚名的必被削弱；无德性而希望幸福的人必受穷困；没有功劳而接受俸禄的人必被侮辱，并且不会有什么好的下场。尧有九佐、舜有七友、禹有五丞、汤有三辅，可见君王无羞问，不愧下学。《老子》又云：'虽贵，必以贱为本；虽高，必以下为基。'各国诸侯都自称孤、寡，这可能就是以卑贱作为根本的缘故吧。孤、寡是国中最卑贱、处于最低地位的人，然而王侯却能用来自称，这不就是谦恭下士的行为吗？尧传舜、舜传禹、周成王重用周公旦，后世也歌颂他们为明君圣主，都是因为他们懂得士人高贵的缘故。"

齐宣王听后，说："唉，一个君子怎么能随便加以侮辱呢？都是寡人自讨没趣啊，不懂'士贵王贱'的道理。现在才见君子高论，寡人愿作先生的弟子。再说先生和寡人同处，享受荣华富贵，高车驷马，华丽服饰应有尽有。"

颜阘听后，立刻告辞说："玉石生在山里，一琢磨就破坏了天然本性，并非玉不珍贵，而是说不如不琢的完美。士人生在乡野，推荐选用接受俸禄，并非说不尊贵显达，而是他们的形神就难以完全属于自己。我宁愿回到乡野，晚食以当肉，安步以当车，无罪以当贵，清静贞正以自虞。"于是再拜而去。

■故事感悟

在君主专制的社会里，齐宣王能够容忍颜阘对自己的"冒犯"及批评，诚恳接受颜阘"士贵王贱"的道理，并愿意拜颜阘为师，表现了宽广的胸襟和谦逊的品格。

王顾左右而言他

有一次，孟子对齐宣王说："有一个人，因为要到楚国去，就把自己的老婆和孩子交托给他的朋友，请予照顾。等到他回来的时候，才知道他的老婆孩子一直在受冻挨饿，而那位朋友根本就没有尽到照顾的责任。您说，这个人该怎样对待这种朋友呢？"

齐宣王回答说："和他绝交！"

孟子又说："有一个执行法纪、掌管刑罚的长官，却连他自己的部下都管不了。您说，这该怎么办？"

齐宣王回答说："撤他的职！"

最后，孟子又说："全国之内，政事败乱，人民不能安居乐业。您说，这又该怎么办？"

齐宣王环顾四周，故意把话题扯到别处去了。

生于忧患死于安乐

（战国）孟子

舜发于畎亩之中，傅说举于版筑之间，胶鬲举于鱼盐之中，管夷吾举于士，孙叔敖举于海，百里奚举于市。

故天将降大任于是人也，必先苦其心志，劳其筋骨，饿其体肤，空乏其身，行拂乱其所为，所以动心忍性，曾益其所不能。

人恒过，然后能改；困于心，衡于虑，而后作；征于色，发于声，而后喻。入则无法家拂士，出则无敌国外患者，国恒亡。然后知生于忧患而死于安乐也。

鲍叔牙宽厚容管仲

鲍叔牙（？—前644），姒姓，鲍氏，亦称"鲍叔""鲍子"，春秋时代齐国大夫，颍上（今属安徽）人。鲍叔牙是管仲的好友，早期管仲贫困，鲍叔牙时常接济他，刻意让管仲占便宜。后来管仲侍奉齐襄公的儿子公子纠，鲍叔牙侍奉公子纠的弟弟公子小白。齐国内乱，管仲则随公子纠出奔鲁，鲍叔牙随公子小白出奔莒，小白返国继位之后，公子纠被杀，管仲被囚车运送回国。由于深知管仲的才能，鲍叔牙建议小白勿将其定罪，甚至推荐管仲当上了国家宰相，被时人誉为"管鲍之交""鲍子遗风"。太史公司马迁在史记《管晏列传》中说："天下不多管仲之贤，而称鲍叔能知人也。"

春秋时期，齐国有一对很要好的朋友，一个是管仲，另一个是鲍叔牙。两人年轻时，管仲的家里很穷，又要奉养母亲，鲍叔牙知道了，就找管仲一起投资做生意。

在做生意的时候，因为管仲没有钱，所以本钱几乎都是鲍叔牙出资。可是赚了钱以后，管仲每次拿的钱都比鲍叔牙多，鲍叔牙的仆人看了就很不满，说："这个管仲真奇怪，本钱出的比我们主人少，分钱的时候却拿的比我们主人还多！"

鲍叔牙听到后，却对仆人说："不可以这么说管仲！管仲家里穷，又要奉养母亲，多拿一点没有关系。"

有一次，管仲和鲍叔牙一起去打仗，每次进攻的时候，管仲都躲在最后，大家就骂管仲说："管仲是个贪生怕死的人！"

鲍叔牙听到后，马上替管仲说话："你们误会管仲了，他不是怕死，他得留着他的命去照顾老母亲呀！"

管仲听到之后，说："生我的是父母，了解我的人可是鲍叔牙呀！"

齐僖公病死，他的长子诸儿继位，是为齐襄公。齐襄公每天吃喝玩乐而不做事，鲍叔牙预感到齐国一定会发生内乱，于是带着公子小白逃到莒国，而管仲则带着另一个公子纠逃到鲁国。

不久，齐襄公被人杀死，齐国发生了内乱，管仲想杀掉小白，让纠可以顺利当上国王。

可是，管仲在暗算小白的时候，小白用装死的办法骗过了管仲。

随后，鲍叔牙和小白比管仲和纠早回到了齐国，小白当上了齐国的国王。

小白当上国王后，要封鲍叔牙为宰相，而鲍叔牙却对小白说："管仲各方面的才能都比我强，应该请他来当宰相才对！"

小白一听很生气，说："管仲要杀我，他是我的仇人，你居然叫我请他来当宰相！"

鲍叔牙却说："这不能怪他，他是为了帮他的主人纠才这么做的呀！"

小白听了鲍叔牙的建议，请管仲回来当宰相，而管仲也真的帮小白把齐国治理得非常好。

后来，大家在称赞朋友之间有很好的友谊时，就会说他们是"管鲍之交"。

■故事感悟

鲍叔牙的这种容人所不能的精神实属可贵。也许我们做不到像鲍叔牙那样的大度与宽容，但我们平时也要多一些宽容，多替别人着想，这样，与别人相处就不会出现矛盾。

■史海撷英

蔡丘之盟

公元前651年，周惠王去世，齐桓公会同各诸侯国，拥立太子郑为周天子，这就是周襄王。

周襄王即位后，命宰孔赐齐桓公文武胙、彤弓矢、大路，以表彰他的大功。于是，齐桓公召集各路诸侯大会于蔡丘（今河南兰考、民权县境），举行受赐典礼。

在受赐典礼上，宰孔请周襄王之命，说由于齐桓公年老德高，就不必下拜受赐了。齐桓公就想听从王命。这时，管仲在一旁向齐桓公进言说："周王虽然谦让，臣子却不可不敬。"齐桓公于是答道："天威不违颜咫尺，小白敢贪王命，而废臣职吗？"说罢，只见齐桓公疾走下阶，再拜稽首，然后登堂受胙。众诸侯见状，都叹服齐桓公懂得礼仪。齐桓公又重申盟好，订立了新盟。这就是历史上有名的"蔡丘之盟"。

蔡丘之盟也是齐桓公霸业的顶峰。至此，经过近30年的苦心经营，齐桓公在管仲的辅佐下，先后主持了三次武装会盟和六次和平会盟，还辅助王室一次，史称"九合诸侯，一匡天下"，齐桓公成为春秋时期公认的霸主。

春秋战国门·管仲

（唐）周昙

美酒浓馨客要沽，门深谁敢强提壶。
苟非贤主询贤士，肯信沽人畏子驴。

楚庄王容人成霸业

楚庄王（？—前591），春秋时期楚国君主，春秋五霸之一，又称荆庄王。芈姓，熊氏，名旅，一名侣。郢都（江陵纪南城）人。楚穆王之子，公元前613年至公元前591年在位。在位期间非常重视选拔人才，先后得到伍举、苏从、孙叔敖、子重等卓有才能的文臣武将的辅佐。群臣和睦，百姓安居乐业，国力日益强盛，为完成霸业奠定了基础。

春秋时期，春秋五霸之一的楚庄王是一位德高望重、宽容大度的君王。他在位期间，曾以宽容之心妥善地处理了一件棘手的事，从而赢得了一位将军的忠诚拥护，凝聚了人心。

公元前606年，楚庄王平息了一场叛乱，回到郢都，开了一个庆功会，名为太平宴。楚庄王君臣都十分高兴，从白天一直喝到晚上，兴致依然未减。

这时，外面突然刮起了大风，好像要下雨。然而大厅里却非常明亮，歌舞不断。这时，从舞女中转出一位美人，这位美人就是庄王最宠爱的妃子许姬。

庄王便让许姬给大臣们斟酒。许姬走起路来就像一只轻盈的燕子，一会儿飞到东，一会儿飞到西。大臣们都被她的美貌与轻盈的舞姿深深地吸引了，刚刚还疯狂的喧闹声一下子消失了。

突然，一阵风吹到大厅里，将所有的蜡烛都吹灭了。此时，许姬正在为一位将军斟酒。那人便趁着黑暗之际，拉住许姬的袖子，去摸她的手。许姬也没有放过他，顺势将那人帽子上的缨子揪了下来，快步来到庄王面前，向庄王叙述了刚才发生的事情，并要庄王快命人点燃蜡烛，看看是谁竟敢调戏她。

调戏君王的宠姬，可是对君王大不敬，是触犯君王权威的大罪！而被拔下帽缨的那位将军心想：这下可大祸临头了，她在大王面前这么一告状，我还不得让大王给处死？他越想越害怕，甚至两条腿都开始发抖了。

其他大臣听到许姬向庄王告状，心想：那个对王妃无礼的人这次肯定会被满门抄斩了。究竟是谁这么色胆包天，敢冒杀头的危险去调戏王妃？

庄王沉默了一会儿，然后高声喊道："不要点蜡烛！寡人今天非常高兴，要与诸位喝个尽兴，各位爱卿一定要不醉不归，大家都把帽缨拔掉，不拔掉帽缨就是欺君。"

于是，宫中的一百多位大臣都拔掉了自己的帽缨，庄王这才叫点亮蜡烛。这样，大家始终不知道拉许姬袖子的人是谁。宴会散后，许姬不禁埋怨起庄王来。

庄王笑笑说："今天是我请文武百官来喝庆功酒，大家兴致很高，酒也喝得很多，在酒醉中做出那种事也是情有可原，这又有什么奇怪的呢？如果按你说的那样，把那个人找出来，为你出了这口恶气，可这样却让群臣不欢而散了，那大臣们就会说我心胸狭窄。这样，以后谁还会

为我拼死效劳呢？"

许姬听后，心悦诚服。

后来，楚国与晋国交战，副将唐狡自告奋勇，率百余人充当先锋，为大军开路。他一路上所向披靡，战无不胜，使楚军进展得顺利。庄王准备厚赏唐狡，唐狡却显得不好意思，说："臣不敢接受大王的厚赏，只要大王原谅臣的罪过，臣已经是十分感激了！"

庄王感到不解，问道："为什么呢？"

唐狡磕头回答说："上次在'绝缨会'上拉王妃手的人就是臣呀！蒙大王昔日不杀之恩，臣当舍命相报！"

说罢，唐狡又冲进敌阵，奋力拼杀，终于大败晋军。这一战役的胜利，使楚国从此强盛，逐渐成为春秋时期的大国。

故事感悟

一个臣子调戏君主爱妾，在当时的社会里，绝对属于大逆不道的犯上之举。可是楚庄王却能假装糊涂，宽容属下的过错，还设法掩护他，这的确不是一般人能做到的。所以他才能得到部下的拼死效力，最终成就霸业。

史海撷英

春秋五霸

公元前770年到公元前476年，历史上被称为春秋时期。在这290多年间，社会风雷激荡，烽烟四起，战火连天。春秋初期，诸侯列国共有140多个，经过连年的兼并，最后只剩下较大的几个。一些强大的诸侯国为了争夺霸权，互相征战，争做霸主，先后称霸的五个诸侯被称为"春秋五霸"。

关于春秋五霸，历史上的说法不一，一种说法是指齐桓公、宋襄公、晋文公、秦穆公和楚庄王。此说见于《白虎通·号篇》。另一种说法是指齐桓公、晋文公、楚庄王、吴王阖闾、越王勾践。此说见于王褒的《四子讲德文》。

称霸的主要标志是"会盟"诸侯，而在历史上完成这一重要仪式的有齐桓公、晋文公、楚庄王、吴王夫差、越王勾践这五位诸侯，所以真正的春秋五霸应该是指他们。

■文苑拾萃

郑国结楚抗晋

郑国背叛楚国而想与晋国结盟，于是，楚庄王出兵讨伐郑国，打了整整三个月才攻下了郑国的都城。郑国国君打着赤膊，牵着一头羊出城投降。他请求不要灭掉郑国，并保证忠于楚国。楚国的大臣们都建议不要听他的，而楚庄王却说："郑国国君能够让自己受委屈，居于人下。这种人一定能取信于民，怎么能灭亡他呢？"于是，楚庄王下令退兵三十里，和郑国结盟。

刚订盟约不久，晋国来救援的军队就到了，楚国和晋国的军队大战了一场，最后晋军大败。这也是几十年来楚国第一次战胜晋国，从此确立了自己的霸主地位。

齐宣王悉心听指责

王斗（生卒年不详），齐人称稷下先生，约活动于齐宣王时期。据《战国策·齐策》记载，王斗是个直言正谏之士。

有一次，王斗要晋见齐宣王，宣王叫传达的侍臣宣他进来，可是王斗却对侍臣说："如果我去见君王，就证明我是爱慕权势；如果君王来见我，就证明君王敬重士人。（斗趋见王为好势，王趋见斗为好士。）不知道大王如何想呢？"侍臣把这话告诉宣王，宣王说："请王先生等一等，寡人立刻接见他。"齐宣王快步跑到宫门口去迎接王斗，和他一起进宫门说："寡人有幸守护先王的宗庙，维护社稷，听说先生有好言直谏，请无所避讳。"王斗说："君王听到的传闻错了，因为臣生在乱世，为昏君做事，又怎敢极言直谏呢？"齐宣王一听，很不高兴，绷着面孔不说话。

过了一会儿，王斗又说："先君桓公最得意的事是九合诸侯，一匡天下，天子亲自封给疆土，现在君王有四点和先君相同。"

齐王一听很高兴地问："寡人愚笨，治理齐国唯恐有过失，怎么会有四点和先君相似呢？"

王斗说："先君喜欢马，君王也喜欢马；先君喜欢狗，君王也喜欢狗；先君喜欢酒，君王也喜欢酒；先君好色，君王也好色。这四点完全相同。唯有一点与先君不同，那就是先君喜欢士人，而君王却不喜欢。"

齐宣王又说："这个世界上根本没有士人，叫寡人怎么去喜欢呢？"

王斗说："世上并没有麒麟等名驹，但君王的车马齐备；世上并没有东郭俊、卢氏等名狗，可君王的猎犬玩狗一应俱全；世上并没有西施、毛嫱等美女，可君王后宫佳丽上千。君王根本就不爱惜士人，又怎么能说世上根本没有士人呢？"

齐宣王又说："寡人每天都忧心国家大事，关心百姓疾苦，实在是很想得到有才华的人辅佐。"

王斗说："君王忧国忧民，还比不上君王爱一尺纱。当君王命人做王冠时，并非命左右宠臣来做，而是让能工巧匠干。这是何故？因为他们做得好。可是现在君王治理齐国，除非左右宠臣，其余一概不重用，所以臣认为君王爱国爱民不如爱一尺纱。"

齐宣王一听这话，赶紧表示歉意说："寡人对不起国家。"于是就选拔了五位士人任命为重臣，从此齐国日渐强大。

■故事感悟

齐宣王在接受他人尖锐批评方面，做得确实不错。面对王斗的尖锐揭露与批评，他诚恳接受，听从王斗建议，重用贤才，赢得了国家的强大，同时也给了我们很深的教益。

■史海撷英

无盐女

无盐是一名生活在战国时期的女子。她是个长相丑陋不堪的孤女，生得白头深目，长指大节，卬鼻结喉，肥项少发，折腰出胸，皮肤如漆，相貌简直就是令人望而却步。而且，年过四十岁，无盐不但流离失所，甚至连容身之处都没有。她的本来名字叫钟离春，由于生得太丑，又出生在无盐，所以大家就都把她叫做"无盐"，反而忘记了她的本来姓名。

战国时期，兼并侵扰，此起彼落，各国的"民本思想"十分盛行。即便是一个黎民百姓，也可以毫无顾忌地求见国君，陈述自己的愿望，对国家施政方针提出建议。有一天，无盐也鼓足勇气，前往临淄求见齐宣王。无盐见到齐宣王，便说："倾慕大王美德，愿执箕帚，听从差遣！"

齐宣王的后宫佳丽比比皆是，更不缺少执役人等，所以听了无盐的话，再看看眼前这个丑陋的女人，竟然异想天开，不自量力，禁不住哈哈大笑。不料，无盐却镇静自若，一本正经地连说："危险啊！危险啊！"齐宣王半玩笑半认真地问："你说的危险是指什么啊？愿闻其详。"

于是，无盐便慢条斯理地娓娓道来："秦楚环伺齐国，虎视眈眈，而齐国内政不修，忠奸不辨，太子不立，众子不教，齐王你专务嬉戏，声色犬马，这是第一件可忧虑的事情；兴筑渐台，高耸入云，饰以彩缎丝绢，缀以黄金珠玉，玩物丧志，利令智昏，这是第二件可忧虑的事情；贤良逃匿山林，谄谀环伺左右，谏者不得通入，谠论难得听闻，这是第三件可忧虑的事情；花天酒地，夜以继日，女乐绯优，充斥宫掖，外不修诸侯之礼，内不秉国家之治，这是第四件可忧虑的事情。危机四伏，已是危险之至！"

齐宣王开始还是半听不听的，听了一会儿便目瞪口呆了。无盐说完后，良久，齐宣王才虔敬地说道："得聆教言，犹如暮鼓晨钟，如果我今后还有一点点进步，皆君所赐。"

齐宣王一惊而悟，即刻下令拆除渐台，罢去女乐，斥退谄佞，摒弃浮华，然后励精图治，从此齐国国势蒸蒸日上。无盐因此成了齐宣王的王后。

淳于髡献鹄

有一次，齐威王派淳于髡出使楚国，并特意带去一只鹄作为赠送楚王的礼物。谁知刚一出城门，这只鹄就飞走了。于是，淳于髡便托着空鸟笼去拜见楚王，说："齐王派我来向大王献鹄，我从水上经过，不忍心鸟儿饥渴，就放它出来喝水，谁知它竟离开我飞走了。我想要刺腹或勒颈而死，又担心别人非议大王因鸟兽而致使士人自杀。鹄是羽毛类的动物，相似的很多，我想买一个相似的鸟儿来代替，可这是在欺骗大王，我又不愿做。我想要逃到别的国家去，又担心齐、楚两国君主之间的通使由此而断绝。所以，我就来领罪，向大王叩头，请求责罚。"

结果，楚王不仅没有怪罪淳于髡，反而赞赏道："很好啊，齐王竟有这样忠信的人。"并且用厚礼赏赐淳于髡，财物比献的鹄还要多一倍。

魏文侯善用吴起

吴起（？—前381），战国初期著名的政治改革家，卓越的军事家、统帅、军事改革家。汉族。卫国左氏（今山东省定陶，一说曹县东北）人。后世把他和孙武连称"孙吴"，著有《吴子》，《吴子》与《孙子》又合称《孙吴兵法》，在中国古代军事典籍中占有重要地位。

吴起听说魏文侯很贤明，就想去奉事于他。

有一天，文侯问大臣李克（即李悝）说："吴起为人怎么样？"

李克说："吴起贪荣名而好色，但他用兵，司马也不能超过他。"

这样，魏文侯就任命吴起为将军，并命他率军攻打秦国，攻克了五座城邑。

后来，魏文侯又因为吴起善于用兵、廉洁而公平，能得到士卒的拥护，任命吴起为西河（今陕西邻阳一带）的守将，抗拒秦国和韩国。

魏文侯死后，吴起又辅佐文侯的儿子魏武侯。

有一次，武侯乘船顺西河而下，船到中流，他回头对吴起说："多好呀！河山是这样险固，这是魏国最宝贵的东西啊！"

吴起对武侯说："国家最宝贵的是君主的德行，而不在于地形险要。从前三苗氏左边有洞庭湖，右边有彭蠡湖，但不讲求德行，不久，夏禹把它消灭了。夏桀王所处的地方，左边有黄河和济水，右边有泰华山，伊阙（在今河南洛阳南）在南，羊肠（在今山西晋阳西北）在北，施政不讲仁爱，商朝汤王将他流放了。殷纣王的国家东面有孟门，西面有太行山，常山（即恒山，在今山西浑源县东）在北面，黄河在南面，施政不讲道德，周武王把他杀了。由此看来，治理国家在于君主的德行，而不在于地形的险要。如果君主不讲德行，就是这船中的人也都会成为敌国的人。"

武侯说："你说得很对。"

故事感悟

魏文侯不因为吴起的小毛病就弃之不用，而是以宽容之心重用吴起，造就了一代名将。这说明只有不拘一格选拔、任用贤才，事业才会兴旺发达。

史海撷英

吴起恩威治军

战国时期，魏国大将吴起在镇守西河期间，强调兵不在多而在"治"，并首创了考选士卒的方法：凡能身着全副甲胄，执12石之弩（12石指弩的拉力，一石约今30公斤），背负矢50个，荷戈带剑，携三日口粮，在半日内跑完百里者，即可入选为"武卒"，免除其全家的徭赋和田宅租税，并对"武卒"进行严格训练，使之成为魏国的精劲之师。

吴起治军，主张严刑明赏、教戒为先，认为如果法令不明，赏罚不信，即便有百万之军也没用，他还曾斩了一名未奉令即进击敌军的将士以明法。

吴起做将军时，经常与下层的士卒同衣同食，睡觉时不铺席子，行军时也不骑马坐车，而是亲自背干粮，与士卒共担劳苦。士卒中有人生疮，吴起就用嘴为他吸脓。这个士卒的母亲知道这事后，大哭起来。别人说："你儿子是个士卒，而将军亲自为他吸取疮上的脓，你为什么还要哭呢？"

母亲说："往年吴公为他父亲吸过疮上的脓，他父亲做战时就一往无前地拼命，所以就战死了。现在，吴公又为我儿子吸疮上的脓，我不知道他又将战死到哪里了，所以我才哭呀。"

■ 文苑拾萃

《吴起兵法》

吴起在治国和治军方面都积累了丰富的经验，他把这些经验也都深化成为军事理论。《汉书·艺文志》著录有《吴起》48篇，已佚，现存的只有《吴子》六篇（《图国》《料敌》《治兵》《论将》《变化》《励士》），其主要谋略思想是"内修文德，外治武备"。

吴起一方面强调，必须在国家和军队内部实现协调和统一才能对外用兵，提出国家如果有"四不和"，就不能出兵打仗；另一方面，他还强调必须加强国家的军事力量。

吴起继承了孙武的"知己知彼，百战不殆"的思想。在《料敌》篇中，他强调了了解和分析敌情的重要意义，并且具体指出了处于六种情况的国家，不可轻易与其作战。他认为战争千变万化，要根据不同的情况而采取应变的措施。在《应变》篇中，吴起具体论述了在仓促间遭遇强敌、敌众我寡、敌拒险坚守、敌断我后路、四面受敌及敌突然进犯等情况下的应急战法和胜敌的策略。

《治兵》《论将》和《励士》三篇，主要阐述了吴起的治军思想。吴起认为，军队能否打胜仗，不完全取决于数量上的优势，更重要的是要依靠军队的质量。而军队质量高的标准是：要有能干的将领，要有经过严格训练的兵士，要有统一的号令，要有严明的赏罚。吴起还十分重视将帅的作用，尤其是重视将帅的谋略，强调好的将帅应有优良的品质和作风，重视士卒的训练，提高实际作战能力，强调赏功以励士兵。

秦王用人不计出身

　　姚贾（生卒年不详），战国时期魏国人，出身"世监门子"，其父是看管城门的监门卒，在当时社会地位很低。姚贾曾被赵国逐出境，还曾得到秦始皇的礼遇和赏识。当他奉命出使四国之时，始皇"资车百乘，金千斤，衣以其衣冠，舞以其剑"。这种待遇，在秦代并不多见。出使三年，大有成绩，始皇拜其为上卿，封千户。

　　燕、赵、吴、楚四国联军将要攻打秦国，秦王便召集群臣和60位宾客议政。他问群臣："四国组成联合阵线，企图谋攻我国。现在内忧外患，真不知如何是好！"

　　群臣没人回答，这时姚贾回答说："臣愿为大王出使四国，一定可以消除他们的念头，不让他们出兵攻秦。"

　　于是，秦王便拨给姚贾战车100辆、黄金1000两，让他遍访四国。姚贾到四国游说，很成功。不但解散了四国攻秦的谋略，而且分别和四国缔结盟约成为秦国的友邦。姚贾向秦王回复游说情况后，秦王非常高兴，马上封给姚贾1000户城邑，并任命他为上卿。

　　韩非知道这件事后，对秦王说："姚贾拿着珍珠重宝，出使南方的吴楚、北方的燕赵，总共花费了三四年时间，然而四国的盟约却未必可靠，府库中的珍宝却被用尽了。这样看来，姚贾是利用王权和国宝在国外私自结交诸侯，希望大王明察。况且，姚贾是魏都大梁一个守门兵的儿子，曾经在魏国做过强盗，后来又在赵国做官不力被放逐。大王重用这样的人担任外交使臣，跟他谋划大事，绝非是鼓励群臣的上策。"

于是，秦王又召见姚贾，问："寡人听说贤卿用寡人的珍宝私交诸侯，可有此事？"

姚贾回答说："有的呀！"

秦王又问："你既然做出这种事，还有何颜面见寡人？"

姚贾回答说："曾参孝顺父母，因而天下父母皆愿曾参为自己的儿子；伍子胥忠于君主，因而天下君王皆愿伍子胥做自己的臣子；贞女手巧，因而天下丈夫皆愿贞女做自己的妻子。现在，臣虽然忠于大王，可大王并不了解；如果我不让四国归服秦王，还能让他们归服谁？如果臣不忠于大王，那四国君主又怎么会重用臣呢？以前，夏桀听信谗言而杀死了良将关龙逄，殷纣王听信谗言而杀死了忠臣比干，最后桀、纣都亡国了。如果大王也听信谗言，那大王就不会有忠臣效力了。愿大王明察！"

秦王又说："你只不过是魏大梁看门卒的儿子，而且在魏国还当过强盗，又被赵国驱逐出境。"

姚贾答道："姜太公就是一个被老婆赶出家门的齐国人，在朝歌卖肉为生，而且是被子良驱逐出境的无用之臣，后来想要做零工都没人要。可是，自从周文王重用他以后，就缔造了周朝800年基业。又如管仲，他只不过是一个俗商，在南阳穷困潦倒，在鲁国犯了死罪，但齐桓公重用他之后，他竟使齐国称霸诸侯。百里奚，当初只不过是虞国一个要饭的，只用五张羊皮就能贩卖的人，可是秦穆公任他做宰相后，竟使秦国富强而称霸西戎。晋文公仰仗中山盗贼，在城濮之战中大败楚军。

这四任贤臣，出身都很卑贱，而且都身负罪名，受到天下人的轻视，可是经过明君重用之后，都能为国家建立不朽的业绩。如果臣效仿务光、申屠狄等隐士，那么君王又怎么能得到臣效命的机会呢？由此看来，明君不用计较臣子出身的卑贱，也不用计较他们以前的罪过，只有明察他们的才能并重用之，才能够开创国家千年不朽的基业。即使外遇谗言也坚决不听，即使某人的名声响遍天下，如果没有功劳也不奖赏他，这样群臣就不会对大王有什么不合理的奢望了。"

秦王觉得姚贾的话说得很有理，于是再度重用姚贾，而把进谗言的韩非处死了。

■故事感悟

当听到他人对姚贾的负面评价时，秦王一度对姚贾产生了不满。但当姚贾耐心解释后，秦王还是以一片宽容之心重用姚贾，不再听信他人的谗言，最终实现了统一天下的大业。

■史海撷英

韩非才华未展

韩非是我国战国末期的一位哲学家，法家思想的集大成者。但是古人都认为他是阴谋学家，因为韩非的著作中大部分都是关于阴谋学的。

韩非曾亲眼目睹了战国后期韩国的积贫积弱，所以曾多次上书韩王，希望改变当时治国不务法制、养非所用、用非所养的情况，但他的主张始终都得不到采纳。韩非认为，这是"廉直不容于邪枉之臣。"因此便退而著书，写出了《孤愤》《五蠹》《内外储》《说林》《说难》等著作，洋洋10万余言。

韩非的著作流传到秦国后，秦王政十分赏识，于是，秦王就以派兵攻打韩国相威胁，迫使韩王让韩非到秦国为其效力。韩非到了秦国后，倍受重用。韩非死后，他的思想在秦始皇及李斯的手中得到了实施。

■文苑拾萃

韩非的著作

韩非的许多著作都是在他死后，后人辑集而成的。据《汉书·艺文志》著录《韩子》55篇，《隋书·经籍志》著录20卷，张守节《史记正义》引阮孝绪《七录》（或以为刘向《七录》）也说"《韩子》20卷"。其篇数、卷数都与今本相符，可见今本并没有残缺。

自汉代以后，《韩非子》的版本也渐渐多起来，其中陈奇猷《韩非子集释》校注尤为详细，考订精确，取舍严谨；梁启雄的《韩子浅解》尤为简明扼要，深入浅出，功力深厚。

韩非平时十分注意研究历史，认为历史是不断发展进步的。他认为，如果当今之世还赞美"尧、舜、汤、武之道"，"必为新圣笑矣"，因此主张"不期修古，不法常可"，"世异则事异"，"事异则备变"（《韩非子·五蠹》），应根据今天的实际情况来制定政策。韩非的历史观，为当时地主阶级的改革提供了理论根据。

韩非还继承和总结了战国时期法家的思想和实践，提出了君主专制的中央集权理论。对于君主，他主张"事在四方，要在中央；圣人执要，四方来效"（《韩非子·物权》），国家的大权，要集中在君主（"圣人"）一个人的手中，君主必须有权有势，才能治理天下，"万乘之主，千乘之君，所以治天下而征诸侯者，以其威势也"（《韩非子·人主》）。为此，君主应该使用各种手段，以清除世袭的奴隶主贵族，"散其党"，"夺其辅"（《韩非子·主道》）；同时，还应选拔一批经过实践锻炼的封建官吏来取代他们，"宰相必起于州部，猛将必发于卒伍"（《韩非子·显学》）。

信陵君虚心听劝

　　唐雎（生卒年不详），战国时代魏国著名策士。为人有胆有识，忠于使命，不畏强权，敢于斗争并甘于为国献身。出使秦国，冒死与秦王抗争，粉碎秦王吞并安陵（魏国属国）的阴谋。《战国策》中对此有详细记载。

　　信陵君打败了秦兵后，救了邯郸，保全了赵国，因此赵王亲自到郊外去迎接他。

　　唐雎告诉信陵君说："我曾听人家说：事情有不可知道的，有不可不知道的；有不可忘记的，有不可不忘记的。"

　　信陵君问："这是什么意思呢？"

　　唐雎回答说："人家憎恨我，这种事不可不知道，如果是我辜负人家，那么我务必要设法予以补偿；假如人家误解我，那么我应该善意讲清楚。我憎恨人家，这种心态不应该有，要用宽恕而将其内化掉。但是在内化过程中，不要到处传言而给别人带来不必要的困扰与紧张。人家有恩德于我，这种事不可忘记，要感恩图报；我有恩德于人家，这种事却不可不忘记，否则将给自己与人家带来莫大压力。现在你打败了秦兵，救了邯郸，保全了赵国，这是你所施与的很大的恩德！赵王亲自到郊外迎接你，见了赵王，但愿你能把施与恩德的事忘记！"

信陵君说："我一定谨遵您的教诲！"

■故事感悟

信陵君以天下之大勇，挽救赵国于危亡之中，受到了赵国君臣的感激和拥护，但他并没有居功自傲，仍然保持着谦虚谨慎的品格，耐心接受唐雎对自己的批评，表现出了宽广的胸怀。

■史海撷英

信陵君有奇士

有一次，信陵君与魏安釐王正在下棋，北方边境突然传来警报，说赵国发兵进犯，正准备进入魏国边境。魏安釐王急得马上放下棋子，准备召集大臣商议对策。这时，信陵君劝阻魏安釐王说，这只是赵王在打猎，并不是进犯边境，不用着急，然后又接着和魏安釐王下棋。但此时的魏安釐王已经是惊恐不安，无心再下棋了。

不久，从北方又传来消息，证实了信陵君的话。魏安釐王大感惊诧，便问信陵君是怎么知道的。信陵君告诉魏安釐王，他的门客中有能深入探听赵王秘密的能人，可以随时向他报告赵王的行动。

■文苑拾萃

唐雎不辱使命

秦王使人谓安陵君曰："寡人欲以五百里之地易安陵，安陵君其许寡人？"安陵君曰："大王加惠，以大易小，甚善；虽然，受地于先王，愿终守之，弗敢易！"秦王不悦。安陵君因使唐雎使于秦。

秦王谓唐雎曰："寡人以五百里之地易安陵，安陵君不听寡人，何也？且秦灭韩亡魏，而君以五十里之地存者，以君为长者，故不错意也。今吾以十倍之地，请广于君，而君逆寡人者，轻寡人与？"唐雎对曰："否，非若是也。安陵君受地于先王而守之，虽千里不敢易也，岂直五百里哉？"

秦王怫然怒，谓唐雎曰："公亦尝闻天子之怒乎？"唐雎对曰："臣未尝闻也。"秦王曰："天子之怒，伏尸百万，流血千里。"唐雎曰："大王尝闻布衣之怒乎？"秦王曰："布衣之怒，亦免冠徒跣，以头抢地耳。"唐雎曰："此庸夫之怒也，非士之怒也。夫专诸之刺王僚也，彗星袭月；聂政之刺韩傀也，白虹贯日；要离之刺庆忌也，仓鹰击于殿上。此三子者，皆布衣之士也，怀怒未发，休祲降于天，与臣而将四矣。若士必怒，伏尸二人，流血五步，天下缟素，今日是也。"挺剑而起。

秦王色挠，长跪而谢之曰："先生坐！何至于此！寡人谕矣：夫韩、魏灭亡，而安陵以五十里之地存者，徒以有先生也。"

刘邦用才忍人过

　　陈平（？—前179），阳武（今河南原阳东南）人。伟大的谋略家。少时喜读书，有大志，曾为乡里分肉，甚均，父老赞之，他感慨地说："使平得宰天下，亦如此肉矣！"不久周勃罢相，陈平专为丞相。孝文二年死。

　　陈平本来是项羽军中的一个都尉，后来被他的朋友、汉将魏无知引荐给刘邦。陈平才智过人，他谒见刘邦时，便向刘邦建议，现在应乘项羽伐齐，后方空虚之机，直捣他的老窝。刘邦很赞赏这个计策，当即为陈平委以高官，以示器重。

　　但是，这一做法却遭到了汉将的一致反对。周勃等人求见刘邦，说："陈平无功受封，于诸将不公。何况此人劣迹斑斑，在家时乱伦盗嫂，为人不耻；为官后又大肆受贿，贪婪已极。这种人怎么能重用呢？望大王三思！"

　　刘邦不知此节，但仍对陈平的才能充满信心，于是含糊地说："此人大才，非尔等能识之，纵有小过，又何必舍本逐末呢？"

　　随后，刘邦就召见陈平询问。

陈平毫不隐瞒，并解释说："大王用我，乃我之才。如大王认为我才无用，自可将我治罪，众人之词，未免有嫉妒之意，非为大王也。再说我弃楚归汉，家财已尽，清贫如洗，收取贿赂，实不得已而为之。至于盗嫂一说，全属无稽之谈，一切全凭大王明察。"

其实，刘邦对他的解释是心有不满的，但刘邦现在又实在需要陈平这样的人才辅佐，成就霸业。何况眼下征战正酣，更不想因此多事，有误军机。于是转念一想，便哈哈一笑，拍着陈平的肩膀说："先生清苦，倒是我怠慢了。我乃粗人，望先生不要介意。"

刘邦不但不追究陈平的过失，还赏赐给陈平许多金帛，并传令升其为护军中尉。陈平原想，如果刘邦责备他，他也无需留下了。而现在却是这样的结果，惊喜之外，又平添了对刘邦的感激之心，从此定下心来，全力报效刘邦。

此后，陈平出谋划策为楚汉之争立下了汗马功劳。

■故事感悟

刘邦自身素质并不是太高，但他懂得利用人才，并不因为陈平的小毛病及他人的谗言而疏远他，以宽容之心待人，最终得到了治国安邦的杰出人才。

■史海撷英

陈平施反间计除敌手

公元前203年，楚汉战争到了最激烈的时刻。这时，刘邦已经被项羽围困在荥阳城内达一年之久了，并被断绝了外援和粮草通道。

于是，刘邦就向项羽求和，项羽不许，刘邦很忧虑。这时，陈平献计，让刘邦从仓库中拨出四万斤黄金，买通楚军的一些将领，让这些人散布谣言，说："在项王的部下里，范亚父和钟离昧的功劳最大，但却不能裂土称王。他们都已和汉王约定好了，共同消灭项羽，分占项羽的国土。"

不久后，这些话就传到了项羽的耳朵中，项羽起了疑心，果然对钟离昧产生了怀疑，以后再有什么重大的决策也就不再跟钟离昧商量了。他甚至怀疑范增私通汉王，对范增也十分不客气。

为了彻底孤立项羽，陈平还要把范增除掉，为此不惜设计嫁祸范增。

有一天，项羽派使者到刘邦营中，陈平就让人准备了一套十分精致的餐具，端进使者的房间。使者刚一进屋，陈平就忙着问范增的近况，并大赞范增，还低声问使者："亚父范增有什么吩咐？"

使者不解地问："我们是项王派来的，不是亚父派来的。"

陈平一听，故作惊讶地说："我以为你是亚父派来的人！"随即就叫下人撤去了上等酒席，把使者领到另一间简陋的客房，改用粗茶淡饭招待。陈平自己还满脸的不高兴，拂袖而去。使者没想到自己在这里会受到这么大的羞辱，十分气愤。

回到楚营后，使者就把情形详细地告诉了项羽，项羽更加确信范增私通汉王了。这时，范增又向项羽建议应加紧攻城，但项羽却一反常态，拒不听从。过了几天，范增也知道了外面说他私通汉王的谣言，并感到项羽已不再信任自己了，于是就对项羽说："天下大事已基本定了，希望大王自己好好地干。我年岁大了，身体又不好，请大王准我回家养老吧！"

项羽毫无挽留之意，同意了范增的请求。范增一路走，一路叹气，吃不下，睡不着，伤心不已。到彭城的时候，气得背上还生了一个毒瘤，就此一病不起，不久就死了。就这样，项羽手下唯一的一个谋臣，被陈平略施小计而除掉。

■文苑拾萃

社日两篇

（唐）杜甫

九农成德业，百祀发光辉。
报效神如在，馨香旧不违。
南翁巴曲醉，北雁塞声微。
尚想东方朔，诙谐割肉归。

陈平亦分肉，太史竟论功。
今日江南老，他时渭北童。
欢娱看绝塞，涕泪落秋风。
鸳鹭回金阙，谁怜病峡中。

刘备大度容人

刘备（161—223），字玄德，东汉末年涿郡涿县（今河北省保定市涿州市）人，三国时期蜀汉开国皇帝，谥号"昭烈皇帝"，史家又称为"先主"。

东汉末年，国家大乱，群雄纷起，而且群雄大多都是世家贵胄或据有州郡的实力派，只有刘备的出身最为微贱。

然而，由于刘备器识不凡、敬贤容众，虽然自己无尺寸之地，但在士人中的声望却很高，为众望之所归。起家之时，刘备的核心骨干是关羽、张飞等人，这些都是他生死与共、相从一生的结拜兄弟。后来，刘备在公孙瓒处又遇到了赵云，一见如故，有相见恨晚之感，相待如同手足。此后赵云披肝沥胆，追随刘备奔波一生。

刘备到徐州后，州牧陶谦能够"三让徐州"。徐州的英雄豪杰如陈登、糜竺、糜芳、孙乾等人，也都争相归附。

刘备几度失败，曾依附过袁绍、曹操和刘表等人，袁、刘都能出郭相迎，待以宾礼。曹操更是与刘备出同车、坐同席，待之以宾客之礼。

在荆州时，刘备更为南州士望之所归。诸葛亮素无渊源，三顾而致，即倚为腹心，如鱼得水。庞统、徐庶、伊籍、黄忠、马氏兄弟、蒋琬等都是这段时间刘备罗致的英杰人物。

依靠了这支队伍，刘备先后吞并了巴蜀等地。当他领益州牧后，"诸葛亮为股肱，法正为谋主，关羽、张飞、马超为爪牙，许靖、糜竺、简雍为宾友。及董和、黄权、李严等本璋之所授用也，吴壹、费观等又璋之婚亲也"。

法正、许靖等人，本来都是刘璋的下属，而黄权、刘巴则曾是刘备的"死对头"。刘璋听从张松的意见，准备招刘备入蜀，黄权就是当时坚决的反对派。他深知刘备是个不凡的人物，把他请来，当部下对待不合适；当宾客待，一国又容不下二主。因此，他以透辟的分析劝阻刘璋。但刘璋没有听他的建议，到涪城欢迎刘备时，黄权更以衔衣死谏。

后来，刘璋把黄权流放到广汉当地方长官去了。刘备在攻略郡县时，郡县都是望风归附，而黄权却是闭境坚守。对这样一个忠于对手的死硬派，刘备不仅未曾将其杀害，反而给以重用。

刘巴本来是受曹操之命招抚荆州南部三郡的，因为刘备捷足先得，刘巴完不成使命，就逃到交趾去了，刘备对此还"深以为恨"。后来，刘巴又从交趾辗转来到巴蜀，在刘璋处，他也是最坚决的拒备派。刘备攻下成都后，刘璋下属纷纷归附新主子，而刘巴却是闭门不出。当时众将忿怒，都要去杀了他，而刘备却下军令说："其有害巴者，诛及三族！"而且亲自登门拜访，对其予以重用。

后来刘备伐吴，黄权曾经谏阻，谏阻不成，便受命督江北之师以防魏。夷陵大败，黄权的退路被隔断，不得已而降魏。执法者建议，根据法律应收治黄权的妻子家小，刘备却说："是我对不起黄权，不是黄权对不起我。"于是便不再追究。

黄权归魏后，不久从蜀中传来消息，说他的妻小都被杀了。黄权坚定地说不会的，因而拒不予发丧。不久，确切的消息传来了，果如所言。刘备能以博大的胸怀容纳人物，故能延致英杰，创成帝业。

刘备在包围成都时，任蜀都太守的许靖曾打算逾城投降，后来因暴露而未能成功。许靖是个名望很高的人物，他既不能劝刘璋投降，又不能为之效死，这种做法是不够光明磊落的，所以刘备在刘璋投降后很鄙薄和冷落他。对此，法正却颇不以为然，他向刘备劝谏说："天下有许多名望很高但其实不符的人，许靖就是典型的一个。但他却誉满天下，播流四海，如果主公不用他，他的缺点你又不能逐户地去宣告给每一个人，那么人们就会说你不能礼贤用才。请主公像战国时燕昭王礼待郭隗一样敬重许靖，以树立自己敬贤的形象。"刘备马上采纳了法正的意见，给许靖以厚待。在分封部下时，许靖的官位还在诸葛亮之上。

有一次，因为天旱，刘备便下令禁止酿酒，违者治罪。然而，吏人在一户人家里却搜到了酿酒的器具，所以办事的人便打算依酿酒罪给以处罚。许多人都觉得这样处罚显得证据不足，但都没有正面地提出反对意见。

不久，简雍陪同刘备一起游观，看见有一对男女同行，简雍就说："他们欲行淫，为什么不逮捕？"

刘备感到很奇怪，就问："你是怎么知道的？"

简雍说："他们都有'淫具'，跟那想酿酒者不是一样的吗？"

刘备听后哈哈大笑，就释放了那些藏有酿器的人。

不过，在容众纳谏方面，刘备也有过惨痛的教训。在关羽死后，刘备曾一意孤行，倾全国的兵力讨伐吴国，听不进旁人的一点建议，结果一败涂地，大大地损伤了蜀汉的元气，遂使诸葛亮为他在隆中制订的两路北伐以恢复中原的战略决策变成了泡影。"江流石不转，遗恨失吞吴"，这千古遗恨，就是由于刘备拒谏造成的。

■故事感悟

以上故事告诉我们，一个领导者要有博大的胸怀，能听得进不同的意见，包括逆耳之言，容得下各种各样的人。容众必须能纳谏，听得进不同的意见。虚怀纳谏、从善如流，才能团结大多数，使他人的才能为己所用。

■史海撷英

刘备争夺汉中

为争夺汉中，从217年冬到219年五月，刘备的汉军与曹军展开了全力以赴的作战。经过一年多的苦战，终于迫使曹操从汉中撤兵，刘备全部占领了汉中地区。

刘备在一生中曾多次直接与曹操作战，大部分是失败。这一次，也是最后一次与曹操的作战，刘备终于赢得了战略上的胜利。

在曹操的主力军还没有到达前，刘备一直采取积极进攻的战略。虽然在战事的开始阶段并不顺利，但刘备始终坚持不懈，终于在曹操主力到来前击败了夏侯渊，赢得了战场主动权。

在曹操主力到达后，刘备便坚持依险固守，拖垮了曹军的战略，使曹操求战不能，攻坚不下，运输困难，士气低落，最后终于达到了逼走曹操、占领汉中的目的。

而在这次战役中，后方的诸葛亮虽然没有直接参战，但他却充分保证了大军的后勤供应，还在刘备最关键的时候派去了增援部队，确保了战斗的胜利。

■**文苑拾萃**

蜀 相

（唐）杜甫

丞相祠堂何处寻，锦官城外柏森森。
映阶碧草自春色，隔叶黄鹂空好音。
三顾频烦天下计，两朝开济老臣心。
出师未捷身先死，长使英雄泪满襟！

唐代宗不计妄语

　　唐代宗李豫（726—779），唐肃宗长子。初名俶，原封广平王，后改封楚王、成王。乾元元年（758年）三月改封成王，四月被立为皇太子。宝应元年（762年），宦官李辅国杀张皇后，肃宗受惊吓而死，李俶于肃宗灵柩前依其遗诏即位，改名豫。779年去世，葬于元陵（今陕西省富平县西北30里的檀山），谥号睿文孝武皇帝，传位于唐德宗李适。

　　郭子仪扫平安史之乱后，成为复兴唐室的元勋。唐代宗非常敬重郭子仪，将女儿升平公主嫁给郭子仪之子郭暖为妻。

　　有一次，小两口吵嘴，郭暖见妻子摆出公主的架子，愤懑不平地说："你有什么了不起的？不就仗着你父亲是天子吗？告诉你吧，你父皇的江山是我父亲打败了安禄山才保全下来的，我父亲因为瞧不起皇帝的宝座，才没当这个皇帝！"

　　升平公主听到郭暖出此狂语，气得立即回宫禀报皇上。

　　唐代宗听完女儿的投诉后，不动声色地说："你是个孩子，有许多事你还不懂。你丈夫说的都是实情，天下是你公公郭子仪保全下来的。

如果你公公想当皇帝，早就当上了，天下就不是咱们李家的了。"他劝女儿不要抓住丈夫的一句话，乱扣"谋反"的大帽子，要和和美美地过日子。在唐代宗的劝慰下，公主消了气，主动回到了郭家。

郭子仪知道这事后，吓坏了，他听说儿子口出狂言，几近谋反，即刻令人把郭暧捆绑起来到宫中面见皇上，请皇上治罪。

可是，唐代宗却和颜悦色，一点也没有怪罪的意思，反而安慰郭子仪说："小俩口吵嘴，话说得过了点，咱们当老人的不要认真了，不是有句俗话说'不痴不聋，不做家翁'吗？装作没听见就行了。"

郭子仪听了这番话，心里的石头落了地，感到非常高兴。

▣故事感悟

唐代宗对郭暧情急之下说的"谋反"之言采取了极为宽容的态度，表现出了坦荡的胸怀。他对郭子仪的一番话不仅表现出了长者风范，而且避免了滥施刑罚带来的家庭悲剧，甚至是国势动荡。

▣史海撷英

唐代宗智除李辅国

762年4月，张皇后被李辅国所杀，唐肃宗因受惊而死。同月，代宗被拥立为帝，改年号为"宝应"。

唐代宗继位后，李辅国以立帝有功而恃此骄横，竟然对代宗说："陛下只需深居宫中，外面的政事有老奴来处理。"代宗虽然心中不满，但慑于他手握兵权，只好委曲求全，尊称他为尚父（可尊尚的父辈），而且事无大小，都要与他商量后才能决定。不久，代宗乘李辅国不备，派人扮作盗贼刺杀了李辅国，然后假装下令追捕盗贼，并派宫中使者慰问其家属。

传统剧目《醉打金枝》

《醉打金枝》又被称为《汾阳富贵》《福寿山》《百寿图》等。该剧全名为《满床笏》，是晋剧的著名传统作品，后来更是成了徽剧、汉剧、川剧、湘剧、婺剧、滇剧、桂剧、粤剧、同州梆子、秦腔、豫剧、河北梆子、越剧、评剧、京剧的剧目。

各种版本的故事剧情都大致相同，讲的是唐代宗将女儿升平公主许配汾阳王郭子仪六子郭暧为妻。当时正值汾阳王花甲寿辰，子婿纷纷前往拜寿，唯独升平公主不去，引起议论，郭暧怒而回府，打了公主。公主跑回宫内，向皇帝哭诉，逼求唐皇治罪郭暧。郭子仪绑子上殿请罪，唐皇明事理、顾大局，并加封郭暧。沈后更是劝婿责女，小夫妻消除前隙，和好如初。

李世民知人善用

魏征（580—643），字玄成。汉族。唐巨鹿人（今河北邢台市巨鹿县人，又说河北晋州市或河北馆陶市）人。唐朝政治家，曾任谏议大夫、左光禄大夫，封郑国公，以直谏敢言著称，是中国史上最负盛名的谏臣。

魏征从小就失去了父母，而且家境贫寒，但他自幼喜爱读书、不理家业，曾出家当过道士。

隋朝末年，由于统治者对百姓的残酷压榨和无休止的对外战争，爆发了大规模的农民起义。隋大业末年，魏征被隋武阳郡（治所在今河北大名东北）丞元宝藏任为书记。元宝藏举郡归降瓦岗军李密后，魏征又被李密任命为元帅府文学参军，专掌文书卷宗。在义军中，魏征想用自己的一腔热血和智慧去建功立业，但最终由于客观条件的限制，他的文韬武略难以得到施展。

唐高祖武德元年（618年），李密失败后，魏征便随其入关降唐，但仍然很久不被重用。次年，魏征自请安抚河北，诏准后，乘驿驰至黎阳（今河南浚县）。不久，窦建德攻占了黎阳，魏征被俘。窦建德失败后，魏征又回到长安，被太子李建成引为东宫僚属。魏征看到太子与秦王李世民的冲突日益加深，曾多次劝李建成要先发制人，及早动手除掉李世民。

玄武门之变，太子李建成被诛，李世民曾厉声喝问作为先太子僚属的魏征："你挑拨离间我们亲兄弟是何居心？"

面对殿前武士的巨斧利刃，魏征毫不畏惧，慷慨陈词："如果先太子听从我的劝告，就不会出现今天的结局。"

这不能不让人在赞叹魏征忠贞耿介之心的同时，也强烈地感受到了他对自己怀才不遇、壮志未酬的愤懑和遗憾。由于早就器重魏征的胆识和才能，李世民不但没有怪罪他，还委任他谏官之职，并经常引入内廷，询问政事得失。

李世民之所以不计前嫌，除了看中魏征的品格和才学外，更重要的是他心里明白，自己刚刚登上帝位，国家百废待兴，如果没有一批有真才实学、敢讲真话的"左膀右臂"支持辅佐，他定将一事无成。从这个意义上说，李世民重用魏征，是他顺应时代发展的要求，为开创千秋大业而做出的历史性选择。

自从被李世民授任谏议大夫起，魏征在此后十几年的御前生涯中，竭诚辅佐李世民，知无不言，言无不尽。他性格耿直，往往据理抗争，从不委曲求全。魏征先后向李世民谏陈200多次，而且多被采纳并付诸实施。

有的人嫉妒魏征，说他侍奉过的三个主子都先后灭亡了，挑拨李世民不要重用他。李世民却反驳说，那不是魏征的错，而是因为其余三人都未能正确地使用魏征。

□故事感悟

李世民的爱才之心、容人之德无人可比，对于原属敌方阵营、曾力主杀掉自己的魏征，他并没有粗暴报复，以逞一时之快。他的宽容之心使他发现了魏征的突出才能和正直品质，并予以重用，君臣二人共同开创了一段辉煌历史。

■史海撷英

魏征论"良臣"与"忠臣"

贞观元年（627年），魏征被升任为尚书左丞。这时，有人向唐太宗奏告，说魏征私自提拔自己的亲戚做官。唐太宗立即派御史大夫温彦博调查此事，结果查无证据，纯属诬告。但是，唐太宗仍派人转告魏征说："今后要远避嫌疑，不要再惹出这样的麻烦。"魏征当即面奏说："我听说君臣之间，相互协助，义同一体。如果不讲秉公办事，只讲远避嫌疑，那么国家兴亡，或未可知。"并请求太宗要让自己做良臣而不要做忠臣。太宗问，忠臣和良臣有何区别？魏征答道："使自己身获美名，使君主成为明君，子孙相继，福禄无疆，是为良臣；使自己身受杀戮，使君主沦为暴君，家国并丧，空有其名，是为忠臣。以此而言，二者相去甚远。"太宗点头称是。

第四篇
宽容大度善为人

周公旦命子亲近百姓

周公旦（生卒年不详），姓姬，名旦，亦称叔旦，周代第一位周公。西周时期的政治家、军事家、思想家、教育家，被尊为"元圣"，儒学先驱。周文王的第四子，周武王的同母弟。周公在当时不仅是卓越的政治家、军事家，而且还是个多才多艺的诗人、学者。

商朝末期，周武王的弟弟周公旦与姜子牙等人辅佐武王伐纣，建立了周朝，周公旦也被封为鲁公。后来，周武王去世，由于成王尚且年少，周公旦担心天下大乱，就暂时代理成王来处理国事。

周公旦继任后，一心一意地辅佐成王，从来不顾流言蜚语。有一天，周公旦让儿子伯禽代替自己去鲁国处理事务。临行前，他再三告诫伯禽："我是文王的儿子，武王的弟弟，成王的叔叔，对于整个天下来说，我的地位已经不低了。但是，我常常在洗头时三次将起头发，吃饭时三次吐出口中的食物，匆忙赶去礼待贤士，唯恐错过天下英才。你到鲁国后，千万小心，不要因拥有鲁国而以傲慢的态度对人。"

三年后，伯禽才将鲁国的情况报告给周公旦。周公旦很不高兴，质问伯禽为什么过了三年才把鲁国的情况汇报给自己。伯禽说，他致力于改革鲁国的生活习惯和礼法，因此用了三年的时间才完成。

与此同时，姜子牙也从齐国赶来，向周公旦报告那里的情况。姜子牙受封于齐国只有五个月的时间，就来报告那里的情况，这令周公旦有点不相信，甚至怀疑姜子牙根本没有认真调查，就匆匆回来敷衍自己，于是就惊讶地问他："你怎么这么快就来报告情况了？难道齐国有什么事情难以办妥？"

姜子牙回答说："不是，是您交代的事我已办妥，特意赶来向您汇报。"

周公旦难以置信，可姜子牙却很肯定地告诉他："是真的，我不敢欺骗你。之所以这么快就完成任务，是因为我简化了君臣之间的礼仪，政事也顺从了民间的习俗，所以很快就治理好了。"

周公旦一听，马上默然不语了。沉思片刻后，他才自言自语地说："唉，照这样下去，鲁国一定治理得不好。把君臣之间的礼仪搞得那么复杂、繁琐，使百姓无法接近你，他们就会离你越来越远。如果对老百姓的态度谦和一些，不摆官架子，平易近人，百姓就会归顺你了。"

于是，周公旦让伯禽照着姜子牙治理齐国的方法前去治理鲁国。伯禽返回鲁国后，采取了平易近人的措施，很快就把鲁国的很多政事处理好了。

故事感悟

周公让儿子努力简化礼仪、平易近人，是为了亲近百姓、包容百姓，将百姓放在心上，避免与百姓疏远，他的做法体现了朴素的民本思想，令无数后人钦敬。

姜太公的历史地位

唐太宗李世民即位后，外夷相侵，内患未除，政局动乱，国家面临着百乱待治、百废待兴的情况。为了能达到"安人理国"的目的，唐太宗便在磻溪建立了太公庙，用这一举动来告诉人们，他要像周文王访贤并重用姜太公那样的贤臣良将。后来，唐太宗果然得到了一大批治世理国的人才，终于实现了"贞观之治"的繁荣盛世。

唐玄宗统治时期，为了求得国内安宁，也需要像姜太公那样披肝沥胆、呕心沥血、忠贞不二的勤勉事主的人才，因此于开元十九年（731年）敕令天下诸州各建一所太公庙，并要求以张良配享，在春秋仲秋月上戊日祭祀。每当发兵出师或各将领及文武举人应诏，都要先去太公庙拜谒。开元二十七年（739年），唐玄宗又追谥姜太公为"武成王"，成为中华民族"武"圣人。

宋神宗熙宁五年（1072年），为抵御外寇入侵，下令要求各军事将领必读《太公兵法》。司马迁在《史记》中说："周西伯昌之脱羑里，与吕尚阴谋修德以倾商政，其事多兵权与奇计，故后世之言兵及周之阴权皆宗太公为本谋。"这也确立了姜太公是中华民族创立韬略理论开山祖的地位。

优孟演戏劝谏醒楚庄王

孙叔敖（约公元前630—前593），芈姓，蔿氏，名敖，字孙叔。春秋时期楚国期思邑（今河南固始）人。楚国名臣。在海子湖边被楚庄王举用，公元前601年出任楚国令尹（楚相），辅佐楚庄王施教导民，宽刑缓政，发展经济，政绩赫然。主持兴修了芍陂（今安丰塘），改善了农业生产条件，增强了国力。司马迁《史记·循吏列传》列其为第一人。

优孟（生卒年不详），中国春秋时期楚国宫廷艺人，以优伶为业，名孟，故得名。长八尺（亦有说为五尺），善辩，常以谈笑讽谏。其史见于司马迁《史记·滑稽列传》。

孙叔敖在做楚国令尹之前是个穷人，一直都在家乡湖北梦泽地区读书、务农。由于他的学问大、人品好，在当地算得上是一位很有影响的隐士。

当时，在楚国执政的楚庄王是一位很有作为的国君。他为了富国强兵，争霸诸侯，到处收揽治国治军的人才。于是，梦泽的地方官就将孙叔敖推荐给楚庄王。楚庄王和孙叔敖一见如故，两人非常投机，当下楚庄王就任命孙叔敖为楚国的令尹。

孙叔敖上任以后，帮助楚庄王积极改革制度、整顿吏治、训练军队，又组织民众拓垦荒地、开挖河渠、努力发展生产。楚国是一个河湖港汊遍布的地区，年年水患成灾，为了免除水灾、旱灾，孙叔敖召集了楚国所有经验丰富的水工，一起来勘测地形，并兴办了楚国最大的水利工程——芍陂河工程。当时，楚国动员了几十万民工日夜苦干，孙叔敖还亲自到工地去督促检查。没多久，芍陂河就修成了。这条河不但极大地减缓了每年雨季的水势，而且还可以灌溉100多万亩农田。仅这一项，每年就可以为楚国增收几千万斤的粮食。

孙叔敖帮助楚庄王扎扎实实地进行了几年建设，楚国很快就富强起来了。《史记》上这样描写了当时楚国繁荣安定的景象："上下相合，世俗盛美，政缓禁止，吏无奸邪，盗贼不起，民乐其生。"

自从有了孙叔敖，楚庄王可谓如鱼得水。可是没过多久，孙叔敖就在繁忙的政务中积劳成疾，一病不起了。楚庄王召集了楚国最有名的医生为他治疗，但也未见成效。

孙叔敖临去世时，将自己的儿子孙安叫到床前，嘱咐说："我知道你没有治理国家的才能，我死以后，你千万不要再做官了，还是回老家去务农吧！如果大王一定要封给你一块土地的话，千万不要争好地方，就把那块没人要的寝丘要下就可以了。我已写好了给大王的奏章，我死了以后，你把它递上去。"

孙叔敖去世后，孙安就按父亲的嘱咐，把那卷奏章送给了楚庄王。楚庄王打开一看，上面除了有关内政外交、经济、军事和爱护百姓、奖励耕战的建议外，关于儿子的事孙叔敖还讲了下面一段感人肺腑的话：

"靠了大王的信任，我这样一个普普通通的乡下人居然做了楚国的令尹。尽管我十分努力地办事，也报答不了大王的恩宠，现在，我要离开大王和楚国而去了。我只有一个儿子，可是他没有治理国家、帮助大王的才能。我恳请大王不要留他在身边做官，让他回到家乡去生活，这就是对他很好的照顾了。"

楚庄王一边看奏章，一边流眼泪，看完奏章，早已泣不成声，只是冲着天上喊："老天爷呀，老天爷呀！太可惜了，太可惜了！"

楚庄王要让孙安留在自己身边当大夫，可是孙安坚持遵照父亲的遗嘱，要回家乡去。楚庄王拗不过他，只好答应了。也许是楚庄王觉得孙叔敖当了多年的令尹，家里的生活不会成问题；也许是他过分悲痛，把孙安今后如何生活的事忘记了。反正他答应了孙安回乡的要求后，就再也没有提起过如何安排令尹一家人今后生活的事。

春秋时期，各国的国君和大贵族身边一般都养着几个为他们唱歌、跳舞、说笑话、逗乐子的艺人。这种人虽然地位很低，但却往往机智聪明，富有正义感。优孟就是楚庄王身边的一位聪明的艺人。

有一次，优孟到梦泽地区去办事，在路上遇见了孙安。两人过去都很熟悉。优孟看到孙安穿的衣服破破烂烂、肩上挑着柴担、腰里别着斧头，一副穷愁困顿的样子，十分吃惊。跑到跟前一问，才知道孙安回乡后，生活十分艰难，只好靠打柴养家。优孟看到这种情况，心里很难受。他想，孙叔敖当年为楚国办了那么多好事，死后却一贫如洗；而那些整天不干正经事的大官们，却富如王侯。他又想起令尹死时，楚庄王是那样悲痛欲绝，整天念叨他的好处，可是令尹家属怎么生活却从来也不过问。

优孟越想越不服气，一路上琢磨着想个什么办法提醒楚庄王，帮一帮孙安。他回到家里后，便做了一身孙叔敖在世时常常穿戴的衣帽，每天一没人，他就装扮起来，回忆孙叔敖的举止言行，进行模仿练习。没多久，优孟就已经学得惟妙惟肖了。

过了一段时间，楚庄王在宫里宴请文武大臣时，又想起了孙叔敖，心里悲悲切切地高兴不起来。大臣们就让优孟出来说个笑话，出个洋相，为楚王开心。

　　优孟一看机会来了，就笑着对大伙说："我今天要表演个新鲜的给大王瞧瞧。"说完，就带着助手一起去化妆了。宫中的戏台就在举行宴会的大厅对面。一会儿楚庄王出现在戏台上，只见他无精打采地坐在椅子上，叹了口气，说："孙叔敖呀孙叔敖，你至死不忘国家，多好的令尹呀！我的命真苦，老天爷为什么要夺走我的帮手啊！老天呀老天！太可惜了，太可惜了！"这人演得很像，大臣们都看呆了，楚庄王也流下了酸楚的眼泪。

　　在泪眼模糊中看见孙叔敖从后台走出来了，楚庄王赶快使劲擦了擦眼睛，仔细盯住台上。"就是他，一点也不差！"

　　楚庄王什么也不顾了，三步并两步地跑到台上，死死拉住假孙叔敖的袖子不放。优孟却无动于衷地说："大王，我是假的，我是优孟。"

　　楚庄王这才明白过来，可是他仍然十分激动地说："不管是真是假，我都要请你做大夫。"

　　优孟又一本正经地说："我可当不了令尹那样的清官，我要干，就当个贪官。"

　　楚王愣了一下，忙问为什么？只见优孟不慌不忙地唱道：

当个贪官真叫好，
刮民脂，食民膏，
身前身后都荣耀。
当个清官可不妙，
讲廉洁，受辛苦，

活着下场未必好，

死了子孙没依靠。

请看令尹孙叔敖：

身前名声何其高，

死后家境何萧条。

劝君莫去做清官，

还是当个贪官好。

楚庄王和宴会上的大臣听了优孟的唱词后，都惭愧得连头都抬不起来了。

楚庄王感慨万端，连连致歉，并马上传令，寻找孙叔敖的儿子。将寝丘之地封赏给他，以后十代都不收回。

■故事感悟

优孟如此劝谏，真是别出心裁！正面直言批评人，态度过于刚硬，显得鲁莽和偏激，也让人无法接受。忍住刚直的脾气，换个方式同样能达到进谏的目的。

■史海撷英

孙叔敖与老者

孙叔敖在楚国做宰相时，一国的官吏和百姓都来祝贺。然而有一位老人，却穿着麻布制的丧衣，戴着白色的丧帽来吊丧。孙叔敖整理好衣帽出来接见了他，看到老人的穿戴，便惊讶地问老人说："楚王不了解我没有才能，让我担任宰相这样的高官，人们都来祝贺，只有您来吊丧，莫不是有什么话要指教吧？”

老人说：“是有话说。当了大官，对人骄傲，百姓就要离开他；职位高，又大权独揽，国君就会厌恶他；俸禄优厚，却不满足，祸患就可能加到他身上。”

孙叔敖向老人拜了两拜，说：“我诚恳地接受您的指教，还想听听您其余的意见。”

老人说：“地位越高，态度越谦虚；官职越大，处事越小心谨慎；俸禄已很丰厚，就不应索取分外财物。您严格地遵守这三条，就能够把楚国治理好。”

孙叔敖回答说：“您说得非常对，我会牢牢记住它的！”

■文苑拾萃

优孟歌

（先秦）无名

山居耕田苦，难以得食。
起而为吏，身贪鄙者余财，不顾耻辱。
身死家室富，又恐受赇枉法，为奸触大罪，身死而家灭。
贪吏安可为也！
念为廉吏，奉法守职，竟死不敢为非。
廉吏安可为也！

楚惠王包容厨师

楚惠王（？—前432），名熊章。中国历史上春秋晚期、战国初期的楚国君主，在位56年。楚惠王即位后，接受郢亡的沉痛教训，重用子西、子期、子闾等人，改革政治、与民休息、发展生产，使楚国得以迅速复苏，重又步上争霸行列。

有一天，天气晴朗、风和日丽，楚惠王和一些文武大臣在后宫花园里游玩。面对这么好的天气，楚惠王的心情非常愉快。他一路走走看看，欣赏着花园里的美景，不一会儿就感到肚子有点饿了，他想起了曾经吃过的酱肉，因为他很久没有吃这道菜了，而且他的厨师特别擅长做这道菜，不但酱肉颜色鲜艳、非常好看，而且热气腾腾、香味扑鼻。

想到这里，楚惠王觉得肚子更饿了。于是，他叫人吩咐厨师马上去做，还特别请身边的大臣留下来一起品尝。

酱肉做好了，侍从小心翼翼地把一盘酱肉摆在楚惠王面前的桌子上，楚惠王看见这么美味可口的菜，连连赞叹说："色、香、味俱全，太妙了！"

于是，他拿起筷子夹起一块放进嘴里，一边品味还一边点头称赞。当他夹起第二块时，却迟疑了一下，原来楚惠王发现在这块酱肉上有一条小虫子在慢慢地爬着。

可是，楚惠王还是把这块酱肉塞进嘴里，吞了下去。不久，楚惠王就捂着肚子，叫起痛了。身边的令尹便问："大王怎么会突然肚子痛呢？"楚惠王就把刚才的事告诉了令尹。

"哎呀！"令尹不禁失声叫了起来，"那么，大王您为什么还要吃下去呢？"

楚惠王回答道："我想，这件事如果说出来，那么就得处死厨师。可是，我实在不忍心这么做，所以趁大家不注意，干脆把虫子吞了下去。"

令尹听了这番话，感动地说："大王真是一位仁爱的君王，爱民如子。大王的善行，老天一定会降恩惠给您的！"

于是，令尹扶着楚惠王回宫，并且吩咐侍从要好好服侍。第二天，楚惠王病好。

这件事很快传遍了全国，老百姓纷纷称赞楚惠王的仁爱、包容之心。

□故事感悟

我国古代曾有过许许多多的封建君主，他们享有极高的地位，掌握着生杀予夺的特权。有一句俗话"君叫臣死，臣不得不死"，形容的就是君主这种至高无上的权力，所有的臣民都是为君主服务的，因此，他们都非常畏惧君主。同时，因为享有特权，君主通常都是我行我素，高高在上，很少顾及到臣民们的感受和需要。但贤明的君主就不是这样，他们心地善良，经常替别人着想，哪怕是地位很低微的庶民百姓。楚惠王就是这样一位仁慈、包容的君王。

■史海撷英

楚昭王传贤不传子

楚昭王二十七年（公元前489年），昭王病重，就将各位公子大夫都召到跟前来，说："我才能浅薄，使楚军一再受辱，今天竟能够这样寿终正寝，是我的幸运。"随后，昭王推让自己的大弟公子申做楚王，公子申不答应；又推让二弟公子结，结也不答应；于是又推让三弟公子间，三弟曾推辞五次，最后，为了安慰昭王，假意受命。

楚军将要与吴军交战了，在庚寅的这一天，楚昭王在军中逝世了。子间说："昭王病重时，放弃让自己的儿子即位，却推让大臣们做王，我所以答应昭王，是用来宽慰昭王的心意。如今昭王逝世了，我怎么敢忘记君王的一片好心呢？"

于是子间就和子西、子期商量，秘密派出军队堵塞道路，迎接昭王的儿子章，拥立他为王，这是楚惠王。然后停止进军，返回国内，安葬了昭王。

■文苑拾萃

春秋战国门·楚惠王

（唐）周昙

芹中遇蛭强为吞，不欲缘微有害人。
何事免成心腹疾，皇天惟德是相亲。

汉文帝推行利民措施

汉文帝刘恒（公元前203—前157），西汉第五位皇帝，汉高祖刘邦四子，惠帝刘盈弟，母薄姬。公元前197年封为代王，建都晋阳。惠帝崩，吕后分立刘恭、刘弘为帝。吕后死，齐王兄弟兴兵伐吕，周勃、陈平见势亦响应，夷灭吕氏一族，史称"荡涤诸吕"。功臣派畏齐王势壮，贪代王势孤，拥立之。公元前180年登基为帝，公元前157年驾崩，在位23年，享年46岁。葬于霸陵（在今陕西长安区东）。其庙号太宗，谥号孝文皇帝。

作为封建社会的一国之君，怎样治理好百姓和国家，是历代国君都非常重视的问题。显然，以"仁德"治天下是最符合儒家传统道德标准的。

在《孝经·天子章第二》中，孔子就曾论述了天子如何以仁爱治天下的具体要求："天子要对百姓仁爱，不施行暴力；要对百姓尊敬，不能傲慢。对百姓的仁爱和尊敬要像对待自己的长辈一样，以德孝对待百姓，施行天下，这就是天子之孝。"也就是说，天子只有对百姓仁爱、尊敬，才能深得人心、巩固政权，这也是天子最大的孝道，否则，百姓造反、江山改易，就会成为天子最大的不孝。因此，明智的封建帝王都把施行仁政作为自己的至高境界。

因"文景之治"而名垂史册的汉文帝刘恒，是中国历史上以仁爱治理天下的典范。

汉文帝是汉高祖刘邦的第四个儿子，早年曾被封为代王。刘邦去世后，吕后发动宫廷政变。在刘、吕两大集团权力纷争的时候，刘恒的母亲薄氏带着幼小的刘恒离开了宫廷这一是非之地，来到远离京城的代王封地。薄氏知书达理、深明大义，教育刘恒自幼读诗学经、为人处世。刘恒从小就深受仁爱思想的熏陶，不仅学到了许多治国之道，而且还懂得了许多做人处事的道理。

吕后驾崩后，周勃、陈平率领刘氏集团剿灭了吕氏全族。经过对刘氏集团人才的考核，最后决定拥立代王刘恒为帝。刘恒刚刚即位时，汉朝的国力还十分贫弱，大夫以下只有牛车可坐。汉文帝施行仁政，终于使天下大治。

汉文帝实施的具体措施包括：

一、要求朝廷百官和地方守令重视农业，劝民农桑，薄徭役，减赋税，激发农民的生产积极性。在汉文帝在位的二十三年中，还免除了全国一年田地租税，这在中国封建史上是很少有的。

二、鼓励人们向朝廷提意见和建议，即使是咒骂皇帝的也不治罪，这在中国封建皇帝中也是极其罕见的；恢复春耕前皇帝亲耕的制度，为天下做出表率。

三、提倡节俭。汉文帝生活一直都极为简朴，他在位的23年，宫室、园林、服饰和御用器具等，都没有什么增加。据史书记载，汉文帝为了节省黄金百斤，曾取消了建造露台的计划。汉文帝还经常穿着粗糙的丝绸衣服，并规定宠妃的衣服都不许拖地。

此外，汉文帝还废除了断肢、割鼻、刻肌肤等残酷的肉刑，减轻了笞刑，并要求官吏断案从轻，只求大旨、不求细苛，从而使全国的刑狱大减。

经过这样的治理，汉朝的生产得到极大的发展，府库充盈、政通人和、百姓乐业，汉朝的政权也因此而得到了巩固。文帝之后，景帝刘启继续推行文帝的政策，父子共同开创了被誉为前汉盛世的"文景之治"，为后来汉武帝的改革创新奠定了坚实的物质基础。

据说，汉文帝在死前还曾告诫太子，自己驾崩时不要禁止百姓娶妻、祭祀、饮酒，也不要万民恸哭，显示了仁爱贤明的帝王本性。刘恒死后，谥曰"文帝"。在历史上，死后谥号为"文"的皇帝并不多，因此，有史学家在评价汉朝400多年的历史时，对汉文帝有"功莫大于高祖，德莫厚于汉文"之说。

■故事感悟

汉文帝治国时时处处想着百姓的利益，努力不让百姓利益受损，表现了对人民的宽容、仁爱之心。作为一位封建帝王，汉文帝能够有这样的胸怀，实在难得。

■史海撷英

汉文帝的边疆政策

汉文帝不仅朝廷内政复杂棘手，边事也十分严峻。在国力较弱的情况下，面对"胡强南劲"的形势，汉文帝采取了一系列正确的策略，终于赢得了较好的外部环境。

汉朝对匈奴实行的和亲政策虽然收到了一定效果，但是并不能根本地解除匈奴贵族的威胁，双方一直处于战和不定的状态。

汉文帝刚即位时，为谋求安定的和平环境，对匈奴一直是采取克制忍让的态度，继续执行和亲政策，避免大动干戈，伤及国力。然而，匈奴虽然受益于汉朝的和亲政策，但却不信守和亲的盟约。在这种情况下，汉朝廷急需一些行之有效的御边政策。

　　当时任太子家令的晁错上书汉文帝，分析了汉朝与匈奴双方在军事上各自的优劣，建议汉文帝实行"募民实边"的策略。主要内容有：在边地建立城邑，招募内地人民迁徙边地，一面种田，一面备"胡"；每个城邑迁徙千户以上的居民，由官府发给农具、衣服、粮食，直到他们能自给为止；迁往边地的老百姓，按什伍编制组织起来，平时进行训练，有事则可应敌，凡能抵抗匈奴人的侵扰，夺回被匈奴人掠夺的财富，则由官府照价赏赐一半。汉文帝在不同程度上采纳了这些策略。

　　此外，汉文帝还在边地建立马苑36所，分布在北部和西部，用官奴婢3万人，养马30万匹。在民间，他同样奖励老百姓养马，以满足边防对马匹的需求。

　　这些措施都产生了积极的作用，改变了单一轮换屯戍的制度，既有利于对边郡的开发，又大大地提高了对抗匈奴的防御力量，有利于休养和生息，使内地的社会经济迅速地恢复和发展，为后来汉武帝彻底解决匈奴问题打下了基础。

■文苑拾萃

汉文帝

（宋）卫宗武

恺悌而爱人，恭俭以持己。
府库有余财，勿忍为己费。
田租奉人上，屡至为民赐。

不肯私嬖臣，以存大臣体。
不敢私贵戚，以贻天下议。
澹乎无嗜好，绝不尚功利。
断刑岁数百，烟火绵万里。
礼乐虽未遑，亦足为善治。
洪惟庆历君，盛德概相类。
爰立俱名臣，后元则无是。

疏广明智散财施恩

　　疏广（生卒年不详），汉东海兰陵人。字仲翁。少好学，明《春秋》。宣帝时为太傅，与其侄子疏受同时为少傅，被称为贤大夫。在位五岁，俱谢病免归。日与族人故旧宾客娱乐，不为子孙置田产。疏广的侄子疏受，当时亦以贤明被选为太子家令，后升为太子少傅。疏广、疏受在任职期间，曾多次受到皇帝的赏赐，并称之为朝廷中的"二疏"。

　　西汉时，有一位名叫疏广的人，博学多才，曾在朝廷担任博士，后来还做过太子的老师，地位可谓极其显赫。当他告老还乡时，皇帝和太子赐给他很多金银钱财。

　　然而疏广回到家乡后，就把这些赏赐都分给了那些需要帮助的乡亲们，既没有为自己购置田产，也没有将这些钱财留给后代子孙。

　　有人劝他应该给子孙留一些，不要都给了别人，但疏广却说："这些钱财是皇上和太子赐给我的，我要将它取之于民、用之于民。至于子孙今后的生活，他们是不能依靠我的，而要靠他们自力更生、艰苦创业。如果他们有出息，就不需要我留给他们钱财；如果他们将来没有出息，我留给他们的钱财越多，就会害他们越深。你们说，我还需要把钱财给子孙吗？"

疏广的一席话，在场的人无不点头称是。

▉故事感悟

有智慧的官吏，非常注重培养仁爱之心、广布仁爱之德。一个官吏如果缺乏仁爱之心，就难以善始善终。

▉史海撷英

二疏教太子

汉宣帝时期，曾选大臣丙吉为太子太傅，选疏广为太子少傅。几个月后，丙吉迁御史大夫，疏广便徙为太子太傅，专门教授太子读《春秋》。

不久，疏广的侄子疏受也以"贤良"的身份被举荐为太子家令。太子每次入朝觐见宣帝，疏广总是走在前面引导，疏受跟在后面陪护，有礼有节，仪态端雅。

疏广、疏受每日除了给太子讲授《论语》《孝经》外，还谆谆教导他将来做了国君后要以民为贵，省徭薄赋，缓刑宽政。

▉文苑拾萃

咏二疏

（东晋）陶渊明

大象转四时，功成者自去。
借问商周来，几人得其趣？

游目汉廷中，二疏复此举。

高啸返旧居，长揖储君傅。

钱送倾皇朝，华轩盈道路。

离别情所悲，余荣何足顾。

事胜感行人，贤哉岂常誉。

厌厌间里欢，所营非近务。

促席延故老，挥觞道平素。

问金终寄心，清言晓未悟。

放意乐余年，遑恤身后虑。

谁云其人亡？久而道弥著。

钟离牧将谷送他人

钟离牧（生卒年不详），吴国武陵太守。字子干。会稽山阴（今浙江绍兴）人。曾为南海太守、中书令。拜越骑校尉，封秦亭侯。永安六年（263年），蜀亡，并于魏。武陵、五溪地区与原蜀地接壤，吴惧其叛乱，以钟离牧为平魏将军，领武陵太守。后又迁公安督、扬武将军，濡须督，封都乡侯。

三国时期，吴国将领钟离牧当官前曾在永兴居住，那时他身强力壮，看到有荒芜的田野，便亲自开垦种下了20多亩粮食。

临近收割，来了一位县民说这块地是他的，钟离牧解释说："我只是因为看到这块地荒了可惜，才开垦出来种上粮食，不是要占你的田地。"说完便将收获的稻谷统统送给了那个人。

县长听到此事很生气，因钟离牧还是汉朝鲁相钟离意第七代孙，怎么能让这种无赖欺负呢？他把那个县民拘捕入狱，要绳之以法。

钟离牧听说后，马上赶来为那个人求情，可县长不答应，他说："你种谷赐于别人，行仁义之事，这我无可非议；但我身为一县之主，应以法度治理民众，对这种不知廉耻之人，怎能不按法处理呢？"

钟离牧说："这里是郡边，你可管可不管。我是受你邀请才来暂住一时，如果为一点点稻谷，你就要杀一位县民，我还能忍心住下去吗？"于是他整装准备离开永兴。

县长见此情景，便亲自前去挽留，并就此放了那位县民。那县民事后感到十分惭愧，便带领妻子儿子，将所拿来的稻谷舂出60斛米，送还给钟离牧。可钟离牧闭门不收。

■故事感悟

钟离牧自愿将所收稻谷送予他人，并无一丝不悦。县官出于义理，将这位县民拘捕。钟离牧强烈要求释放县民，表现出对他人的仁爱与包容之心。

■史海撷英

钟离牧料事如神

永安六年，蜀国被魏国吞并，武陵郡五溪一带的夷族人与蜀国接壤，当时的舆论担心夷族人叛乱，朝廷便任命钟离牧为平魏将军，兼任武陵太守，前往郡府就任。魏国派遣汉葭县县令郭纯试任武陵太守，率领涪陵百姓进入蜀国的连陵界内，驻扎在赤沙，引诱来各蛮夷部落的首领，有的起来响应郭纯，郭纯又进攻酉阳县，吴国武陵郡中人人震惊担忧。钟离牧向府中官员说："西蜀灭亡，我们的边境被侵犯，用什么办法抵御魏军呢？"

众人都回答说："如今这两个县山势险要，众蛮夷在那里布兵把守，不能用军队去惊动骚扰他们，惊动骚扰了他们，众蛮夷就会互相勾结。应当逐步地安抚他们，可派遣恩信吏去宣扬教化，表示慰劳。"

钟离牧说："不对。境外的敌人入侵境内，欺骗诱惑百姓。应当趁他们根基不深的时候攻取他们，这同救火贵在迅速的情势一样。"他发出命令，迅速整装待发，郡吏中有阻挠非议者就以军法处治。

抚夷将军高尚劝钟离牧说："从前潘太常率五万人马，然后才来讨伐五溪的蛮夷。当时蜀国与我们结盟友好，众蛮夷全都遵循教化，如今我们既无往日的外援，郭纯又已经占据迁陵，而您却要带三千兵马深入险地，我看不到有什么益处。"

钟离牧说："这非同往常的事情，怎么能因循守旧呢？"他立即率领部下，日夜赶路，沿着山中险要之处行进，走了将近两千里地，从险要处攻上去，杀了怀有异心的恶民首领100多人，以及他们的党羽总共1000多人，郭纯等人退去，五溪得以平定。

■文苑拾萃

《吴书》

《吴书》是三国时期东吴官修的一部国史。该书始撰于孙权末年，其间韦曜（又名韦昭）曾主要负责这件事，最后由薛莹"终其书"。《隋书·经籍志》《旧唐书·经籍志》及《新唐书·艺文志》中，均有《吴书》的著录，后来亡佚。关于此书的作者及编纂情况，《中国历史大辞典·史学史卷》中也有收录。